신성하고 비밀한 영역

THE DIVINE AND MYSTICAL REALM

by Witness Lee

Originally Published by
Living Stream Ministry, Anaheim, California, U. S. A.

Printed in Korea.

신성하고 비밀한 영역

위트니스 리

한국복음서원

차례

* 이 책에 인용된 성경 본문은 〈회복역 성경〉을 사용하였습니다.
* 이 책에 인용된 찬송가는 특별한 언급이 없는 경우 한국복음서원 찬송가입니다. 영어 찬송가는 리빙 스트림 미니스트리(Living Stream Ministry)에서 출간한 것입니다.

서문

이 책은 위트니스 리 형제님이 1996년 4월 9일부터 11일까지의 기간에 캘리포니아주 애너하임에서 열린 동역자들과 장로들을 위한 국제 섞임 집회에서 전한 메시지들로 되어 있습니다.

1

이 시대를 앎

To Know This Age

제1장

이 시대를 앎

성경: 요 7:39, 고전 15:45하, 고후 3:17-18, 출 30:23-25, 롬 8:2, 9-11, 계 1:4, 3:1, 4:5, 5:6

개요

Ⅰ. 니케아 신경을 포함한 오늘날의 신학 이론들 중, 하나님의 영원한 경륜의 움직임 안에 계신 하나님의 영에 관한 다음과 같은 다섯 가지 긴요한 중점들을 충분히 강조하는 것은 하나도 없다.

A. 생명을 주시는 그 영은 그리스도의 영광스럽게 되심(부활) 이전에는 계시지 않았다 — 요 7:39.

B. 마지막 아담(육체 안에 계신 그리스도)은 생명 주시는 영이 되셨다(요한복음 7장 39절에 있는 주님의 말씀을 이룸) — 고전 15:45하. 따라서 고린도후서 3장 17절은 "주님은 그 영이십니다."라고 말하며, 그다음 절에서는 복합된 신성한 칭호인 '주 영'을 사용한다.

C. 출애굽기 30장 23절부터 25절까지에 있는 관유(올리브기름 한 힌에 네 가지 향료와 그것들의 효능이 더해진 복합물)로 예표되신 복합되신 영.

D. 로마서 8장 2절 및 9절부터 11절까지에 있는 생명의 영, 하나님의 영, 그리스도의 영, 그리스도 자신, 내주하시는 영은 다 생명을 주시는 복합되신 영을 말한다.

E. 하나님의 일곱 영(일곱 배로 강화되신 영, 비교 일곱 배의 햇빛 — 사 30:26) — 계 1:4, 3:1, 4:5, 5:6.

Ⅱ. 천주교, 개신교 교파들, 형제회, 오순절 교파들, 모든 자유 단체들은 성경에 어긋나는 그들의 불완전한 신학의 방해로 인해 하나님의 중심적인 계시를 보지 못하고, 하나님의 영에 관한 위의 다섯 가지 긴요한 중점들을 놓치고 그것들에 무관심하며 그것들을 반대하기 때문에 하나님의 영원한 경륜의 완성에 이르지 못한다.

Ⅲ. 하나님은 그리스도의 몸으로 귀결되고 새 예루살렘으로 완결되는 교회에 관한 그분의 영원한 경륜을 성취하시도록, 그분을 위해 이기는 이들이 되는 한 무리의 하나님-사람들을 반드시 얻으셔야 한다.

기도: 주님, 이 모임으로 인해 당신께 경배합니다. 당신을 찬양합니다. 오직 당신만이 이러한 모임을 안배하실 수 있습니다. 주님, 이 모임을 위해 우리는 일곱 배로 강화된 방식으로 당신이 필요합니다. 주님, 우리에게 오셔서 당신 자신을 열어 주시고 우리 또한 자신을 당신께 열게 해 주십시오. 당신과 우리 사이에 왕래와 교통이 있기를 간구합니다. 주님, 낡음에서 우리를 구원해 주십시오. 낡은 지식과 전통적인 것들과 수년 동안 우리가 지켜 온 것들에서 우리를 구원해 주십시오. 주님, 당신의 승리하는 피로 우리를 용서해 주시고 씻어 주시고 덮어 주셔서 모든 면에서 대적을 막아 주십시오. 당신의 말씀을 해방하는 것은 하나의 전쟁입니다. 그러므로 주님, 우리는 당신 안에 숨습니다. 우리는 어린양의 피 아래에 우리를 숨깁니다. 주님, 일곱 배로 강화된 방식으로 우리를 강화하시고 당신 자신을 우리에게 부어 주십시오. 주님, 우리를 만져 주시고, 우리에게 말씀해 주시고, 우리를 당신과 한 영이 되게 해 주십시오. 감사드립니다. 아멘.

이번 장의 제목은 '이 시대를 앎'이다. 여기에서 우리가 '시대'라는 단어를 사용하는 것은 일반적인 세상의 시대를 말하는 것이 아니라, 특별히 성경의 계시와 신성한 진리와 참되고 합당한 신학과 관련된 오늘날의 기독교의 시대를 말하는 것이다.

성경에서 다루는 첫 번째 것은 하나님 자신이다. 하나님에 대한 계시는 하나님의 인격과 관련되며, 하나님의 인격은 매우 비밀스럽다. 그분은 하나이시며 셋이시다. 따라서 그분은 삼일이시다. 신성한 삼일성에 대해 다르게 이해하는 것은 오늘날 기독교 안에 있는 모든 문제의 주된 요인이자 감추어진 요소가 되어 왔다. 기독교는 신성한 삼일성에 대한 다른 관념 때문에 계속 나누어져 왔다.

신성한 삼일성의 두 번째(그리스도)와 세 번째(그 영)를 이해하는 것은 가장 번거롭고 어려운 문제였다. 그리스도는 누구이신가? 이 질문에 대한 대답으로 대부분의 그리스도인은 그리스도께서 하나님의 아들이시라고 말할 것이다. 그러나 많은 믿는 이들이 그리스도께서 하나님의 유일하신 독생자(요 3:16)이실 뿐 아니라 하나님의 맏아들(롬 8:29, 골 1:18, 히 1:6, 계 1:5)이심을 깨닫지 못하고 있다. 어떻게 독생자가 맏아들이 될 수 있는가? 독생자라면 유일한 아들이어야 하므로 맏아들이 될 수 없고, 맏아들이라면 첫 번째 아들이므로 유일한 아들이 될 수 없다. 이것을 어떻게 설명해야 하는가?

신학자들은 삼일성의 위격들이 혼동되면 안 된다고 주장한다. 그럼에도 불구하고 우리는 이런 질문을 할 필요가 있다. 그리스도는 아들이실 뿐 그 영은 아니신가? 그 영은 단지 그 영이실 뿐인가? 그 영은 그리스도와 관련되시지 아들과 연관되지는 않으신 것인가? 또 다른 질문은 일곱 영(계 1:4, 3:1, 4:5, 5:6)과 관련된 것이다. 요한계시록 5장 6절에 따르면 일곱 영은 어린양의 일곱 눈이시다. 일곱 영과 어린양은 한 인격이신가, 두 인격이신가? 확실히 그분들은 둘이시다. 그러나 일곱 영은 어린양의 일곱 눈이시다. 그분들은 하나이신가, 둘이신가? 만약 우리가 어린양과 어린양의 일곱 눈이신 일곱 영이 하나이시라고 말한다면, 다른 이들은 그 영은 그 영이시고 아들은 아들이시라고 주장하면서 우리가 신성한 삼일성의 위격들을 혼동하고 있다고 책망할 것이다. 그러나 요한계시록 5장 6절은 신성한 삼일성의 세 번째 위격이 두 번째 위격의 눈이라고 말한다. 그러면 어떻게 그 영께서 아들과 분리되실 수 있겠는가? 여러분의 눈은 여러분 자신에게서 분리되어 있는가? 여러분의 눈이 누군가를 보고 있을 때 여러분 자신도 그 사람을 보고 있다. 누구도 “내 눈만 당신을 보고 있고 나 자신은 당신을 보고 있지 않습니다.”라고 말하지 못할 것이다. 여러분의 눈은 여러분 자신이다. 여러분의 눈이 무언가를 본다는 것은 여러분 자신이 그것을 보고 있다는 것을 의미한다. 이것은 오늘날 기독교 안에 있는 신학의 결함을 보여 주는 간단한 예이다.

신성한 삼일성 안에 있는 아들과 그 영의 문제가 매우 어렵고 복잡하기 때문에, 우리는 그리스도를 '모든 것을 포함하신 그리스도'라는 특별한 칭호로 부르지 않을 수 없었다. 그리스도는 모든 것이시기 때문에 모든 것을 포함하신 분이시다. 그분은 하나님이시고, 아버지이시며(사 9:6), 아들이시고, 그 영이시다. 신약의 계시에 의하면, 아버지는 아들 안에 체현되시고(골 2:9) 아들은 그 영에 의해 실재화되신다(요 14:17, 20). 따라서 아들은 아버지의 체현이시고, 그 영은 아들의 실재화이시다. 이것은 확실히 신성하고도 하늘에 속한 언어이다.

요한복음 1장 1절은 "태초에 말씀께서 계셨다. 말씀은 하나님과 함께 계셨으며, 말씀은 곧 하나님이셨다."라고 말한다. 말씀이 하나님 자신이시라면 말씀께서 하나님과 함께 계셔야 할 필요가 있는가? 아무도 이것을 적절하게 설명할 수 없다. 왜냐하면 우리에게는 이런 종류의 '문화'를 표현할 언어가 없기 때문이다.

니케아 신경을 포함한 오늘날의 신학 이론들 중, 하나님의 영원한 경륜의 움직임 안에 계신 하나님의 영에 관한 다음과 같은 다섯 가지 긴요한 중점들을 충분히 강조하는 것은 하나도 없음

생명을 주시는 그 영은 그리스도의 영광스럽게 되심(부활) 이전에는 계시지 않았음

생명을 주시는 그 영은 그리스도의 영광스럽게 되심(부활) 이전에는 계시지 않았다(요 7:39). 요한복음 7장 37절부터 39절까지는 "명절 끝 날, 곧 큰 날에 예수님께서 서시어 외치셨다. '누구든지 목마르거든 나에게로 와서 마시십시오. 나를 믿는 사람은 성경에서 말한 대로 그의 가장 깊은 곳에서 생수의 강들이 흘러나올 것입니다.' 이것은 예수님을 믿은 사람들이 받을 그 영에 대해 말씀하신 것이다. 예수님께서 아직 영광스럽게 되지 않으셨기 때문에, 그 영께서 아직 계시지 않았다."라고 말한다. 주님의 말씀의 역사적인 배경은 유대인의 명절 중 가장 마지막 명절이자 가장 큰 명절인 장막절과 관련된다. 장막절은 매우 즐거운 명절이었다. 이 명절은 이스라엘 자손이 수확물을 누리기 위해 함께 모였을 때 있었다. 그들은 칠 일 동안 함께 기뻐했다. 마지막 날은 그 명절의 가장 큰 날이었다. 바로 그날에 주 예수님은 서시어 "누구든지 목마르거든 나에게로 와서 마시십시오."라고 외치셔서 그날 명절에 참석한 사람들을 놀라게 하셨다. 이 말씀은 의미가 풍성하다. 왜냐하면 이 말씀은 장막절을 지키던 사람들이 여전히 목말랐다는 것과, 그들의 갈증을 해소해 줄 만한 것이 아무것도 없었다는 것을 의미하기 때문이다.

과거에도 그랬고 현재도 많은 위대한 사람들이 일과 사업에 성공하거나 유명해진 후에 그들의 삶이 공허하다고 느낀다. 그들은 솔로몬왕과 같이 "허무 중의 허무, 허무 중의 허무라.", "나는 해 아래에서 일어나는 모든 일을 보았는데, 참으로 모든 것이 허무요 바람 잡는 것이다."(전 1:2, 14)라고 말한다. 이러한 느낌을 갖는다는 것은 그들이 목마르고 만족스럽지 못하다는 것이다. 주 예수님은 사람들이 만족하지 못하고 그들의 갈증이 해소되지 못했다는 것을 아시고, 명절 끝 날 곧 큰 날에 서시어 외치셨다. "누구든지 목마르거든 나에게로 와서 마시십시오." 이것은 얼마나 위대한 말씀인가! 오직 주 예수님만이 이런 말씀을 하실 자격이 있으시다. 오직 그분, 이제 삼십을 갓 넘은 그분만이 "나를 믿는 사람은 … 그의 가장 깊은 곳에서 생수의 강들이 흘러나올 것입니다."라고 말씀하실 수 있었다.

요한복음의 저자인 사도 요한은 7장 39절에서 이 말씀에 대해 설명해 주었는데, 그는 "이것은 예수님을 믿은 사람들이 받을 그 영에 대해 말씀하신 것이다."라고 말하였다. 여기에서 요한은 하나님의 영이라거나 여호와의 영이라거나 성령이라고 말하지 않고 단순히 '그 영'이라고 말했다. 즉 "예수님께서 아직 영광스럽게 되지 않으셨기 때문에, 그 영께서 아직 계시지 않았다."라고 말했다. 그의 말은 '비록 그 영께서 아직 계시지 않지만 여기에 계실 날이 다가오고 있다'는 어떤 기대를 암시해 준다. 이날은 바로 예수님께서 영광스럽게 되시는 때인 그분의 부활의 날이다(눅 24:26). 주 예수님은 영광이 충만하신 하나님이셨다. 그러나 그분은 육체가 되셨고, 그분의 신성한 영광은 그분의 육체의 껍질 속에, 즉 그분의 인성의 껍질 속에 감추어져 있었다. 그분께서 죽으셨을 때 이 껍질이 깨어졌고, 부활하셨을 때 그분 안에 감추어져 있던 영광이 해방되었다. 이것에 근거하여 우리는 그분의 부활이 그분의 영광스럽게 되심이라는 것을 알 수 있다. 그러므로 요한복음 7장 39절에 있던 '기대'는, 그 영께서 이전에는 아직 계시지 않았지만 주 예수님께서 부활을 통해 영광스럽게 되실 때 지금 계신 그 영이 되시리라는 것이었다.

마지막 아담(육체 안에 계신 그리스도)은 생명 주시는 영이 되셨음

오늘날의 신학이 충분히 강조하고 있지 않은 하나님의 영에 관한 두 번째 긴요한 중점은, 고린도전서 15장 45절 하반절에서 계시되듯이, 부활 안에서 마지막 아담(육체 안에 계신 그리스도)이 생명 주시는 영이 되셨다는 것이다(요한복음 7장 39절에 있는 주님의 말씀을 이룸). 따라서 고린도후서 3장 17절은 "주님은 그 영이십니다."라고 말하며, 그다음 절에서는 복합된 신성한 칭호인 '주 영'을 사용한다. 고린도전서 15장 45절 하반절에 있는 "마지막 아담은 생명 주시는 영이 되셨습니다."라는 말씀은 요한복음 7장 39절에 있는 "그리스도께서 아직 영광스럽게 되지 않으셨기 때문에, 그 영께서 아직 계시지 않았다."라는 예언의 성취이다. 부활 안에서 그리스도는 생명 주시는 영이 되셨다.

많은 목사들과 선교사들과 신학자들과 교수들은 고린도전서 15장 45절에 근거한, 육체 안에 계셨던 마지막 아담이신 그리스도께서 부활 안에서 생명 주시는 영이 되셨다는 가르침에 대해 우리를 반대한다. 심지어 두 동역자들도 이 문제에서 우리를 반대했다. 결국 우리를 대적하는 이들이 된 그 두 동역자 중 한 명은 아들 그리스도께서 생명 주시는 영이 되실 수 있다는 것을 믿지 않는다고 말했다. 한번은 그가 자신은 아버지와 아들과 영이 세 하나님이심을 믿는다고 나에게 말했다. 이 말을 들었을 때 나는 그가 삼신론의 이단을 가르치고 있다고 그에세 말해 주었다. 나는 성경이 우리에게 하나님은 유일하게 한 분이심을 말하고 있다고 계속 지적했다. 또 다른 동역자는 내가 그 영이신 그리스도에 관해 쓴 세 곡의 찬송(찬송가 371, 400, 541장) 때문에 곤란해했다. 그는 성경에서 그리스도께서 생명 주시는 영이 되셨음을 말하고 있다는 것은 인정했다. 그러나 곧이어 내게 경고하기를, 만약 우리가 이것을 전한다면 기독교가 우리를 거절할 것이라고 말했다. 나는 "형제님, 나는 이것을 전하고 가르치려는 부담을 가지고 이 나라에 왔습니다. 그리스도께서 생명 주시는 영이 되셨다고 말하는 것이 성경에 따른 것이라는 데 동의한다면, 이 진리를 가르칠 자유를 내게 주십시오."라고 말했다.

성경은 그리스도의 두 번 되심을 말한다. 요한복음 1장 14절은 말씀이신 하나님께서 육체가 되셨다고 말하고, 고린도전서 15장 45절은 육체 안에 계신 마지막 아담이신 그리스도께서 생명 주시는 영이 되셨다고 말한다. 우리는 하나님께서 육체가 되신 것과 마지막 아담이 생명 주시는 영이 되신 것, 두 가지 모두를 믿고 가르쳐야 한다.

관유로 예표되신 복합되신 영

세 번째로, 출애굽기 30장 23절부터 25절까지에 있는 관유(올리브기름 한 힌에 네 가지 향료와 그것들의 효능이 더해진 복합물)로 예표되신 복합되신 영에 관한 긴요한 중점을 충분히 강조하는 신학 이론은 오늘날 하나도 없다. 생명 주시는 영은 단순하지 않으시다. 이 영은 복합되신 영이시다. 마지막 아담은 사람이셨지만 생명 주시는 영은 신성하시다. 그러므로 이 영은 두 본성, 곧 사람의 본성과 신성한 본성을 가지신 영이심에 틀림없다. 이 두 본성은 단지 연합되어 있는 것이 아니라 복합되어 있다. 이것은 하나님께서 관유를 만드는 법을 가르쳐 주신 기록인 출애굽기 30장 23절부터 25절까지에 있는 예표에 의해 암시된다.

이 관유는 한 가지 요소로 된 것이 아니라 복합물이다. 한 가지 요소로는 관유가 될 수 없다. 출애굽기 30장에 있는 바르는 관유는 한 가지 주된 재료인 올리브기름 한 힌과 네 가지 향료, 곧 몰약과 육계와 창포와 계피가 복합된 복합물이다. 성경의 예표에서 기름은 하나님의 영을 의미하고, 흐르는 몰약은 그리스도의 죽음을 의미하며, 육계는 그분의 죽음의 달콤함과 그 효능을 의미한다. 늪지대나 진흙 속에서 자라는 갈대인 창포는 하늘을 향하여 자라나므로 부활을 의미한다. 계피는 그리스도의 부활의 물리치는 능력과 효능을 의미한다. 계피는 일종의 나무껍질이며 뱀들과 벌레들을 물리치는 퇴치제로 사용된다. 따라서 계피는 그리스도의 부활 능력, 특히 물리치는 능력을 의미한다. 그분의 부활은 사탄 곧 뱀을 물리치는 능력을 가지고 있다. 이 네 가지 향료는 올리브기름 한 힌과 복합되어 다섯 가지 요소로 된 관유가 된다.

이 복합된 관유에는 한 하나님을 의미하는 일(1)이라는 숫자(올리브기름 한 힌)와 하나님의 피조물인 사람을 의미하는 사(4)라는 숫자(네 가지 향료)가 있다. 향료들의 양이 각각 오백 세겔로서 세 단위를 이루고 있는 것에서 삼(3)이라는 숫자도 본다. 몰약이 오백 세겔, 육계가 이백오십 세겔, 창포가 이백오십 세겔, 계피가 오백 세겔이다. 그러므로 향료들의 양은 오백 세겔씩 세 단위로, 혹은 오백 세겔 곱하기 삼으로 되어 있다고 할 수 있다. 삼(3)이라는 숫자는 삼일 하나님을 의미한다. 여기서 우리는 오백 세겔의 두 번째 단위가 두 부분으로 나누어져서(신성한 삼일성의 중간에 계시며 십자가에서 상처받으신 그리스도를 예표함) 각각 이백오십 세겔이 되었다는 것에 주의해야 한다. 성경에서 이(2)는 증거의 숫자이다. 더욱이 이 복합된 관유에는 올리브기름 한 힌과 네 가지 향료가 더해져서 이루어진 오(5)라는 숫자가 있다. 오(5)라는 숫자는 오백 세겔에서도 볼 수 있다. 성경에서 오(5)는 책임을 의미한다. 예를 들어, 십계명은 두 돌판에 각각 다섯 계명씩 쓰여 있다. 마태복음 25장에서 열 처녀는 현명한 처녀 다섯 명과 어리석은 처녀 다섯 명, 이렇게 두 그룹으로 나누어진다. 앞의 모든 내용을 볼 때 일(1), 이(2), 삼(3), 사(4), 오(5)의 숫자들이 출애굽기 30장의 복합된 관유의 예표에서 모두 사용된 것을 알 수 있다.

사실상 일종의 예언인 이 구약의 예표는 신약에서 성취되어야 한다. 관유의 예표는 그리스도의 부활 안에서 산출되신 생명 주시는 영으로 완전히 성취되었다. 마지막 아담은 생명 주시는 영이 되셨고, 생명 주시는 영은 그리스도의 신성, 그분의 인성, 그분의 죽음의 달콤함과 그 효능, 그분의 부활의 능력과 그 효능을 포함하신다. 그러므로 생명 주시는 영은 구약에서 바르는 관유로 예표되신 복합되신 영이시다.

생명의 영, 하나님의 영, 그리스도의 영, 그리스도 자신, 내주하시는 영은 다 생명을 주시는 복합되신 영을 말함

그리스도는 그리스도이시며 또한 그 영이시다. 왜냐하면 그분은 공기 같은 분이 되셨고, 공기 같은 영이신 그리스도가 되셨기 때문이다. 공기 같은 영이신 그리스도에 관해 우리가 보아야 할 것은 로마서 8장 2절 및 9절부터 11절까지에 있는 생명의 영, 하나님의 영, 그리스도의 영, 그리스도 자신, 내주하시는 영이 다 생명을 주시는 복합되신 영을 말한다는 것이다. 2절에 생명의 영이 있고, 9절부터 11절까지에 하나님의 영, 그리스도의 영, 그리스도 자신, 내주하시는 영이 있다. 이분들은 다섯이신가 아니면 하나이신가? 생명 주시는 영은 생명의 영이라고 불리시고, 생명의 영은 하나님의 영이시며, 하나님의 영은 그리스도의 영이시고, 그리스도의 영은 다만 그리스도 자신이시다. 더 나아가서 생명의 영, 하나님의 영, 그리스도의 영, 그리스도 자신은 언제나 우리에게 생명을 분배하시는 내주하시는 영으로서 우리 안에 거하신다. 이분이 바로 공기 같은 영이신 그리스도이시다.

고린도후서 3장 17절은 "주님은 그 영이십니다."라고 말하고, 18절은 우리의 변화가 '주 영에게서 비롯된다'고 말한다. '아버지 하나님', '주 영'과 같은 칭호는 복합된 신성한 칭호이다. 그분은 주님이시고 또한 그 영이시다. 오늘날 우리의 그리스도는 공기 같은 영이신 그리스도, 공기처럼 되신 그리스도, 주님이시자 그 영이신 그리스도이시다.

하나님의 영 자신께는 인성이 없었다. 또한 그리스도의 죽음, 죽음의 효능, 그리스도의 부활, 부활의 능력의 요소가 포함되어 있지 않았다. 그러나 그리스도의 인성의 요소, 그분의 죽음과 그 효능의 요소, 그분의 부활과 그 능력의 요소가 모두 하나님의 영께 더해지고 복합되어, 복합되신 영을 산출했다. 오늘날 공기 같은 영이신 그리스도는 그러한 완결되신 생명 주시는 영이시다.

하나님의 일곱 영

하나님의 영원한 경륜의 움직임 안에 계신 하나님의 영에 관해서 오늘날의 신학이 충분히 강조하지 않는 다섯 번째 긴요한 중점은 하나님의 일곱 영(일곱 배로 강화되신 영, 비교 일곱 배의 햇빛 — 사 30:26)이다(계 1:4, 3:1, 4:5, 5:6).

육체 안에 계신 마지막 아담이신 그리스도는 우리의 구속자가 되실 수 있었지만, 우리 안에 들어오셔서 그분 자신을 우리에게 생명으로 분배하실 수는 없었다. 그러나 그분께서 그 영이 되신 후에는 생명의 영으로서 우리 안에 들어오셔서 유기적으로 우리를 구원하실 수 있었고, 생명을 주시는 그 영으로서 하나님의 유기적인 구원을 우리 안에서 수행하실 수 있었다. 특별히 그분은 교회를 산출하시는 생명 주시는 영이시다. 그러나 교회는 산출된 지 얼마 되지 않아 곧 하락하게 되었다. 성경의 마지막 책인 요한계시록은 교회의 하락에 대해 말한다. 이러한 하락으로 인해 그리스도이시면서 그 영이신 생명 주시는 영은 일곱 배로 강화되셨다.

천년왕국에 관련된 예언인 이사야서 30장 26절은 "달빛은 햇빛처럼 되고 햇빛은 일곱 배나 밝아져"라고 말한다. 이사야서에는 일곱 배의 햇빛이 있지만 요한계시록에는 일곱 배의 영이 있다. 생명 주시는 영은 교회를 산출하시는 데에 충분한 역량이 있으시다. 그러나 교회가 하락했을 때에는 이 강하신 영께서 일곱 배로 강화되셨다. 그러므로 그리스도는 생명 주시는 영이 되셨을 뿐 아니라 일곱 배로 강화되신 영이 되셨다. 일곱 영이 어린양의 일곱 눈이신 것(계 5:6)은 일곱 영과 그리스도가 한 인격이심을 보여 준다.

성경에 어긋나는 불완전한 신학의 방해로 인해 하나님의 중심적인 계시를 보지 못하고, 하나님의 영원한 경륜의 완성에 이르지 못함

천주교, 개신교 교파들, 형제회, 오순절 교파들, 모든 자유 단체들은 성경에 어긋나는 그들의 불완전한 신학의 방해로 인해 하나님의 중심적인 계시를 보지 못하고, 하나님의 영에 관한 위의 다섯 가지 긴요한 중점들을 놓치고 그것들에 무관심하며 그것들을 반대하기 때문에 하나님의 영원한 경륜의 완성에 이르지 못한다.

우리 모두는 하나님의 중심적인 계시에 대해 분명한 조망을 가져야 한다. 하나님의 중심적인 계시는 하나님께서 육체가 되시고 육체가 생명 주시는 영이 되시고 생명 주시는 영께서 일곱 배로 강화되셔서, 그리스도의 몸으로 귀결되고 새 예루살렘으로 완결되는 교회를 건축하신다는 것이다. 우리는 삼일 하나님께서 육체가 되셨고, 그 육체가 생명 주시는 영이 되셨으며, 생명 주시는 영은 일곱 배로 강화되신 영이 되셨음을 보아야 한다. 이 영은 교회를 건축하시고, 이 교회는 그리스도의 몸이 되어 하나님의 경륜의 최종 목표인 새 예루살렘으로 최종 완결 될 것이다. 오늘날의 신학은 이러한 중심적인 계시에 전적으로 무관심하다. 천주교, 개신교 교파들, 형제회, 오순절 교파들, 모든 자유 단체들은 우리가 이번 장에서 다룬 하나님의 영에 관한 다섯 가지 중점들을 놓치고 그것들에 무관심하며 그것들을 반대하기 때문에 하나님의 영원한 경륜의 완성에 이르지 못한다. 오늘날의 주님의 회복은 바로 하나님의 영원한 경륜의 움직임 안에 계신 하나님의 영에 관한 이 긴요한 중점들의 회복이다.

나는 모든 동역자들과 장로들을 매우 염려한다. 그들 중 많은 사람이 주님의 회복이 무엇인지 완전히 이해하지 못할 수 있다. 오늘날의 회복이 무엇인지 설명해 달라고 질문을 받는다면, 우리는 간단한 문장으로 다음과 같이 대답할 수 있어야 한다. 주님의 회복은 하나님께서 육체가 되시고 육체가 생명 주시는 영이 되시고 생명 주시는 영께서 일곱 배로 강화되신 영이 되시어 교회를 건축하시고, 교회는 그리스도의 몸이 되어 새 예루살렘으로 최종 완결 되는 것이다. 여러분 중 누구도 자신의 낡은 신학이나 회복에 대한 상투적인 이해로 인해 현재의 주님의 회복과 관련하여 어떤 방해도 받지 않기를 바란다.

하나님은 이기는 이들이 되는 한 무리의 하나님-사람들을 반드시 얻으셔야 함

하나님은 그리스도의 몸으로 귀결되고 새 예루살렘으로 완결되는 교회에 관한 그분의 영원한 경륜을 성취하시도록, 그분을 위해 이기는 이들이 되는 한 무리의 하나님-사람들을 반드시 얻으셔야 한다.

2

그리스도의 하늘에서의 사역의 비밀한 영역 안으로 들어감

To Enter into the Mystical Realm of Christ's Heavenly Ministry

제2장

그리스도의 하늘에서의 사역의 비밀한 영역 안으로 들어감

개요

I. 그리스도의 땅에서의 사역의 물질적인 영역을 통과함.

A. 그리스도는 그분의 땅에서의 사역의 물질적인 영역 안에서 육체 안의 그리스도이셨다.

1. 육체 되심부터 모든 것을 포함한 죽음까지 삼십삼 년 반 동안.
2. 육체 안에서(골 1:22) 그리스도는 하나님의 법리적인 구속을 성취하심으로 그분의 땅에서의 사역을 수행하셨으며, 이것은 객관적으로 하나님께서 다음의 일을 이루시는 결과를 산출했다.
   a. 믿는 이들의 죄들을 용서하심 — 엡 1:7.
   b. 믿는 이들의 죄들을 씻으심 — 히 1:3.
   c. 믿는 이들을 의롭다 하심 — 롬 3:24.
   d. 그분의 원수들인 믿는 이들을 그분 자신과 화목하게 하심 — 롬 5:10상.
   e. 믿는 이들을 위치에서 그분의 거룩한 백성으로 그분 자신께로 거룩하게 하심 — 히 13:12, 10:29.
3. 하나님의 완전한 구원의 절차이며, 믿는 이들을 하나님의 완전한 구원의 목적인 하나님의 유기적인 구원에 참여하게 한다.

B. 하나님의 법리적인 구속을 체험한 이는 구원받은 이로 여겨질 수 있으나, 하나님의 경륜을 성취하기 위해 여전히 하나님의 유기적인 구원에 의해 더욱 구원받을 필요가 있다.

Ⅱ. 그리스도의 하늘에서의 사역의 비밀한 영역 안으로 들어감.

A. 그리스도는 그분의 하늘에서의 사역의 비밀한 영역 안에서 생명 주시는 영이신 그리스도이시다.

1. 그분을 생명 주시는 영이 되시게 한 부활부터 영원까지.
2. 생명 주시는 영(롬 8:9-10, 고후 3:17-18)이신 그리스도는 여덟 단계에서 하나님의 유기적인 구원을 주관적으로 성취하심으로써 그분의 하늘에서의 사역을 수행하신다.

a. 거듭남 — 구속받은 믿는 이들이 신성한 생명으로 거듭남으로써 하나님에게서 나고 그분의 종(種)인 그분의 자녀들이 되는 것이다 — 요 1:12-13, 3:6하.

b. 먹이심 — 거듭남으로써 새로 태어난 아기들을 목양을 통해 먹이시는 것이다. 하나님은 보양하시고 보살피심으로써(엡 5:29) 하나님의 양 떼를 목양하시어, 그분의 양들이 신성한 생명 안에서 자라 성숙에 이르게 하신다 — 요 10:10-11, 14-16, 21:15-17, 히 13:20, 벧전 5:4, 2:25.

c. 기질상의 거룩하게 됨 — 신성한 생명 안에서 자라고 있는 믿는 이들이 그들의 기질에서 하나님의 거룩한 본성으로 거룩하게 되는 것이다 — 롬 15:16, 6:19, 22, 살전 5:23.

d. 새롭게 됨 — 성경의 계시들과 진리의 영에 의해 우주, 인류, 하나님 등에 관한 종교, 논리, 철학에서 믿는 이들의 생각이 바뀌는 것이며, 심지어 십자가의 소멸시키는 일을 통하여 그들의 생각을 대치하는 그리스도의 생각을 갖게 되는 것이다 — 딛 3:5, 롬 12:2하, 엡 4:23, 롬 8:6, 빌 2:5, 고후 4:16.

e. 변화 — 안의 본성이 바뀌는 것뿐 아니라 표현을 위한 외

적 형태가 바뀌는 것이다. 그것은 교정하는 것도 아니고 단순히 외적으로 바뀌는 것도 아니다. 그것은 외적인 표현을 위해 신성한 생명의 요소가 내적인 신진대사로 믿는 이들에게 더해지는 것이다 — 롬 12:2, 고후 3:18.

f. 건축 — 믿는 이들이 신성한 생명 안에서 자라고, 다른 믿는 이들과 함께 신성한 생명 안에서 연결되는 것이다(엡 4:15-16). 새롭게 됨은 변화로 귀결되고, 변화는 건축으로 귀결된다. 이것은 새 예루살렘의 기초석이 있는 성벽에 의해 완전히 입증된다. 새 예루살렘의 성벽은 벽옥으로서 하나님의 외양을 표현한다(계 4:3). 벽옥들은 변화되는 동안 함께 연결되고 성벽으로 건축된다.

g. 같은 형상을 이룸 — 첫 번째 하나님-사람으로서 대량 산출을 위한 원형이신 하나님의 맏아들의 장성한 형상과 같은 형상을 이루는 것이다. 그분은 사람과 연합되신 하나님, 하나님과 연합된 사람으로서 하나님-사람 생활을 하셨으며, 이러한 생활은 인성 안에서 신성한 영광을 표현하기 위해 하나님의 모든 속성들을 인간 미덕들로 표현한다. 이러한 표현의 완결, 곧 신성한 생명 안에서 이루어지는 이러한 표현의 성숙이 바로 새 예루살렘이다 — 롬 8:29, 1:4, 엡 4:14, 계 21장.

h. 영광스럽게 됨 — 신성한 생명의 성숙에 의해 속에서부터 신성한 영광으로 적셔지는 것이자, 신성한 영광에 의해 신성한 영광으로 밖에서부터 영광스럽게 되는 것으로서, 믿는 이들의 몸에 대한 하나님의 법리적인 구속의 완성이며 하나님의 유기적인 구원 안에 있는 신성한 아들의 자격의 최상의 몫이다 — 롬 8:30, 히 2:10, 빌 3:21, 엡 4:30, 롬 8:23.

B. 우리는 그리스도께서 육체 안의 그리스도이신 그분 자신에 의해서가 아니라 그 영이신 그분 자신에 의해 하나님의 유기적인 구원을 성취하신다는 것을 항상 상기해야 한다.

C. 우리는 또한 하나님의 유기적인 구원의 모든 항목이 그리스도의 땅에서의 사역에 의해 법리적이고도 객관적으로 수행되는 것이 아니라, 그분의 하늘에서의 사역에 의해 유기적이고도 주관적으로 수행됨을 기억해야 한다.

기도: 주님, 당신께서 우리를 당신의 특별한 백성으로 당신의 특별한 소유로 세우신 것으로 인해 당신께 경배합니다. 주님, 우리를 선택하시고, 심지어 당신의 영원한 경륜을 수행하는 위임을 우리에게 맡기신 것에 대해 감사합니다. 오, 이 어떠한 과업인지요! 우리는 전적으로 자격이 없는데도 당신은 우리에게 위임하셨습니다. 우리가 무엇을 말해야 하는지요? 우리는 다만 당신을 앙망합니다. 주님, 당신의 마음을 다시 우리에게 열어 주시고, 당신의 선한 기쁨의 깊은 곳에 감추어져 있는 것을 계시해 주십시오. 주님, 우리는 당신께 열려 있기 원합니다. 어떤 것도 우리를 가리지 않기를 원합니다. 주님, 모든 너울과 모든 논리와 신학과 철학과 전통적인 가르침들을 제거해 주시기를 구합니다. 주님, 우리를 가리는 너울들을 한 겹 한 겹 벗겨 주십시오. 주님, 이런 모든 속박에서 해방되고 자유롭게 되기를 갈망합니다. 당신의 경륜을 성취하는 데 우리가 방해받거나 부족하기를 원하지 않습니다. 주님, 당신께서 우리를 당신을 따르는 사랑스러운 이들로 대해 주심에 감사드립니다. 우리는 당신께서 여기에 우리와 함께 앉으셔서, 당신의 영원한 경륜에 따라 당신의 과업에 대해 우리와 얼굴을 마주 대하며 친근한 대화를 하기 원하신다고 믿습니다. 주님, 우리에게 말씀해 주십시오. 당신의 음성을 듣고 당신의 이상을 볼 수 있기를 간구합니다. 아멘.

이번 장의 제목은 '그리스도의 하늘에서의 사역의 비밀한 영역 안으로 들어감'이다. 여기서 '영역'이라는 단어는 큰 의미를 가지고 있다. 우리는 '영역'이라는 단어 대신 '왕국'이라는 단어를 사용할 수 있을 것이다. 따라서 여기서 우리는 그리스도의 하늘에서의 사역의 비밀한 왕국을 말하는 것이다. 만일 우리가 그리스도의 하늘에서의 사역의 영역, 전적으로 비밀한 그 영역 안으로 들어가고자 한다면, 우리는 비밀하신 그리스도를 알아야 한다.

그리스도의 인격은 비밀하다. 그리스도의 육체 되심에 관하여 신약에는 두 종류의 기록이 있다. 하나는 물질적인 방면의 기록이고 다른 하나는 비밀한 방면의 기록이다. 공관복음인 마태복음, 마가복음, 누가복음에 있는 주님의 육체 되심에 관한 기록은 모두 물질적인 방면에 대한 것이다. 우리는 그분께서 처녀에게서 나셨고, 구유에 뉘어지셨으며, 목자들이 그분께 경배드리러 왔고, 이스라엘에서 이집트로 피신하셨으며, 나사렛에서 자라셨다는 것을 들었다. 이 모든 것은 물질적인 방면의 기록이다. 요한복음에 있는 기록은 완전히 다르다. 예를 들면, 1장은 물질적인 방면의 기록이 아니라 비밀한 방면의 기록이다. 1절과 14절은 "태초에 말씀께서 계셨다. 말씀은 하나님과 함께 계셨으며, 말씀은 곧 하나님이셨다.", "말씀께서 육체가 되시어 우리 가운데 장막을 치시니, 은혜와 실재가 충만하였다."라고 말한다. 육체 되심을 이런 식으로 말하는 것은 비밀하고 비밀스럽다. 16절은 "우리가 다 그분의 충만에서 받았으니, 은혜 위에 은혜였다."라고 말한다. 이것 역시 비밀스럽다. 그리스도의 육체 되심에 대한 요한의 설명은 모두가 비밀스럽다.

사실상 요한복음 전체가 비밀스럽다. "만물이 그분(말씀)으로 말미암아 생겼으니 … 그분 안에 생명이 있었으며, 그 생명은 사람들의 빛이었다."(1:3-4) 이것은 비밀스럽다. 그분은 "세상의 죄를 없애시는 하나님의 어린양"(1:29)이시며, 그 영께서 '비둘기같이 하늘에서 내려오시어 그분 위에 머무셨다'(32절). 이것 역시 비밀스럽다. 그분을 믿는 이들은 돌들(1:42)이 된다. 그리스도는 자신을 하늘에 속한 사다리라고 하시면서 "하늘이 열리고 하나님의 천사들이 사람의 아들 위에 오르락내리락하는 것을 보게 될 것입니다."(1:51)라고 말씀하셨다. 확실히 이 모든 것은 비밀스럽다. 그리스도께서 하나님의 집인 성전이신 것(2:16-21)도 비밀스럽고 거듭남도 역시 비밀스럽다. "그 영으로 난 것은 영입니다."(3:6하) 거듭남의 결과는 신랑의 증가인 신부가 산출되는 것이다(3:29-30). 또 하나의 비밀스러운 사건이 있다. "모세가 광야에서 뱀을 들어 올린 것같이, 사람의 아들도 반드시 들려 올려져야 합니다."(3:14) 그리스도께서 놋 뱀으로서 십자가에 달리신 것은 확실히 비밀스럽다. 4장 10절과 14절에서 그리스도는 우리가 그분만이 주실 수 있는 생수를 마신다면, 그 물이 우리 안에서 "원천이 되어 샘솟아 올라 영원한 생명에 이를 것"이라고 말씀하신다. 그런 후에 그분은 계속해서 "하나님은 영이시니, 경배하는 사람들은 영 안에서 진실함으로 경배해야 합니다."(4:24)라고 말씀하신다. 이 모든 것이 비밀스럽다.

주님의 회복 안에 있는 모든 성도들, 특별히 동역자들과 장로들은 물질적인 영역과 비밀스러운 영역에 대한 분명한 조망을 가져야 한다. 주님의 회복 안에서 인도하는 동역자들과 장로들은 주님의 회복이 자신들의 어깨 위에 있다는 것을 깨달아야 한다. 회복이 앞으로 어떻게 될 것인지는 그들이 어떤 사람이 될 것인지에 달려 있다. 나는 이것에 대해 무거운 부담을 가지고 있다. 이것이 나의 부담이기 때문에 나는 여러분에게 통상적인 가르침을 줄 수 없다. 그 대신에 나는 무언가 특별한 것을 제시해야 한다. 여러분은 이 시대를 알아야 하고, 이 시대가 무지의 시대, 곧 그리스도인들이 전통적인 신학으로 눈이 멀어서 그것에 의해 방해받고 있는 시대라는 것을 깨달아야 한다. 그러므로 나는 여러분이 현재 있는 영역보다 더 높은 영역, 범위, 왕국 안으로 들어갈 필요가 있음을 말할 부담이 있다. 이 더 높은 영역이 바로 그리스도의 하늘에서의 사역의 비밀한 영역이다.

그리스도의 땅에서의 사역의 물질적인 영역을 통과함

먼저 우리는 그리스도의 땅에서의 사역의 물질적인 영역을 통과해야 한다. 확실히 물질적인 것은 땅에 속한 것이다. 우리는 이러한 영역에 계속 머물러 있지 말고 급행열차를 탄 사람들처럼 빨리 통과해야 한다.

그리스도는 그분의 땅에서의 사역의 물질적인 영역 안에서 육체 안의 그리스도이셨음

그리스도께서 땅 위에 계셨을 때 육체 안에 계신 그리스도이셨음을 들어 본 적이 있는가? 성경에서 '육체'는 매우 부정적인 단어이다. 창세기 6장 3절에 따르면, 사람이 육체가 되는 정도까지 타락했을 때 하나님은 사람을 지면에서 쓸어버리기로 결심하셨다. 그럼에도 불구하고 요한복음 1장 14절은 말씀께서 사람이 되셨다거나 인격이 되셨다고 말하지 않고 육체가 되셨다고 말한다. 육체는 하나님께 유죄판결 받은 것이기 때문에 많은 그리스도인들은 그리스도께서 육체가 되셨음을 가르칠 만한 담대함이 없다. 어떤 사람들은 하나님께서 사람이 되셨다고 말할지 모르지만, 성경은 하나님께서 육체가 되셨다고 말한다. 로마서 8장 3절에서 바울은 하나님의 아들께서 '죄의 육체의 모양'으로 오셨다고 말한다. 그리스도는 죄의 육체의 모양은 가지셨지만 죄의 본성은 없으셨다. 이것은 마치 놋 뱀에게 뱀의 모양은 있었지만 뱀의 독 있는 본성은 없었던 것과 같다(요 3:14, 민 21:4-9). 신약은 그리스도께서 육체가 되셨지만 죄가 없으셨음을 분명히 계시한다. 그분은 결코 죄를 범하지 않으셨다(히 2:14, 4:15). 우리는 심지어 하나님께서 우리를 위해 그리스도를 죄가 되게 하셨다는 말씀을 본다. "하나님께서 죄를 알지도 못하신 분을 우리 대신 죄가 되게 하신 것은"(고후 5:21). 이것은 하나님의 말씀이 보여 주는 참되고 분명하며 순수한 계시이다.

육체 되심부터 모든 것을 포함한 죽음까지

그리스도는 육체 되심부터 모든 것을 포함한 죽음까지 삼십삼 년 반 동안 육체 안에 계셨다.

육체 안에서 그리스도는 하나님의 법리적인 구속을 성취하심으로 그분의 땅에서의 사역을 수행하셨음

육체 안에서(골 1:22) 그리스도는 하나님의 법리적인 구속을 성취하심으로 그분의 땅에서의 사역을 수행하셨다. 이러한 구속은 객관적으로 하나님께서 믿는 이들의 죄들을 용서하시고(엡 1:7), 믿는 이들의 죄들을 씻으시고(히 1:3), 믿는 이들을 의롭다 하시고(롬 3:24), 그분의 원수들인 믿는 이들을 그분 자신과 화목하게 하시고(롬 5:10상), 믿는 이들을 위치에서 그분의 거룩한 백성으로 그분 자신께로 거룩하게 하시는(히 13:12, 10:29) 결과를 산출했다. 이 모든 일들은 매우 좋지만, 물질적이고 땅에 속하며 법리적이고 객관적이다.

하나님의 완전한 구원의 절차로서

그리스도께서 그분의 땅에서의 사역에서 수행하신 것은 하나님의 완전한 구원의 절차이며, 믿는 이들을 하나님의 완전한 구원의 목적인 하나님의 유기적인 구원에 참여하게 한다. 이 절차는 우리를 한 단계에서 또 다른 단계로 이끌어 가는 에스컬레이터에 비유될 수 있다. 에스컬레이터는 유용하지만 거기에 오랫동안 머물러서는 안 된다. 그러나 오늘날 대부분의 그리스도인들은 하나님의 완전한 구원의 절차인 '에스컬레이터'에 계속 남아 있다. 어떤 이들은 심지어 에스컬레이터에 타지도 못하고 여전히 '땅바닥'에 있다. 그들은 아직 그 절차도 체험해 보지 못한 이들이다.

하나님의 완전한 구원의 절차와 목적을 구별하는 것은 상당히 중요하다. 절차는 법리적이고 목적은 유기적이다. 나아가 절차는 물질적인 영역 안에 있고 목적은 비밀한 영역 안에 있다.

하나님의 법리적인 구속을 체험한 이는 구원받은 이로 여겨질 수 있음

하나님의 법리적인 구속을 체험한 이는 구속받는 면에서는 구원받은 이로 여겨질 수 있으나, 하나님의 경륜을 성취하기 위해 여전히 하나님의 유기적인 구원에 의해 더욱 구원받을 필요가 있다.

그리스도의 하늘에서의 사역의 비밀한 영역 안으로 들어감

우리는 그리스도의 땅에서의 사역의 물질적인 영역을 통과하여 더 높은 영역인 그리스도의 하늘에서의 사역의 비밀한 영역 안으로 들어갈 필요가 있다.

그리스도는 그분의 하늘에서의 사역의 비밀한 영역 안에서 생명 주시는 영이신 그리스도이심

그리스도께서 생명 주시는 영이신 것은 그분께서 하늘에서의 사역을 수행하시는 데 가장 중요한 자격 요건이다. 육체 안에 계실 때 그분은 우리 안에 생명으로 들어오실 수 없었다. 내가 젊은 그리스도인이었을 때, 성경이 '그리스도께서 우리 안에 계신다'고 말한다는 것을 듣고 당혹스러웠다. 그리스도께서 내 안에 계시는 것이 어떻게 가능한지에 대해 나는 궁금하게 생각했다. 그 당시에 나는 부활 안에서와 부활을 통해, 육체 안에 계셨던 그리스도께서 생명 주시는 영이 되셨음을 깨닫지 못했다. 나중에서야 신약이 십자가에서 우리의 구주로서 죽으셨던 분께서 부활하셨고, 또 부활 안에서 생명 주시는 영이 되셨음을 계시하고 있다는 것을 알게 되었다. 이제 그분은 비밀한 영역 안에서 그분의 하늘에서의 사역을 수행하실 자격이 있으시다.

그리스도의 부활부터 영원까지

하늘에서의 사역의 비밀한 영역 안에서 그리스도는 그분을 생명 주시는 영이 되시게 한 부활부터 영원까지 생명 주시는 영이시다.

여덟 단계에서 하나님의 유기적인 구원을 주관적으로 성취하심

생명 주시는 영(롬 8:9-10, 고후 3:17-18)이신 그리스도는 여덟 단계에서 하나님의 유기적인 구원을 주관적으로 성취하심으로써 그분의 하늘에서의 사역을 수행하신다. 여기서 우리는 분명한 대조, 곧 땅에 속한 것 대(對) 하늘에 속한 것, 물질적인 것 대(對) 비밀한 것, 법리적인 것 대(對) 유기적인 것, 객관적인 것 대(對) 주관적인 것을 볼 수 있다. 하나님의 유기적인 구원의 여덟 방면은 모두 주관적인 것이다.

거듭남

거듭남은 구속받은 믿는 이들이 신성한 생명으로 거듭남으로써 하나님에게서 나고 그분의 종(種)인 그분의 자녀들이 되는 것이다(요 1:12-13, 3:6하). 하나님의 자녀들로서 우리는 하나님의 종류 곧 하나님의 종이다. 그러므로 우리는 하나님의 신격(Godhead)은 없지만 하나님의 생명과 본성을 가진 하나님들(gods)이다.

먹이심

먹이심은 거듭남으로써 새로 태어난 아기들을 목양을 통해 먹이시는 것이다. 하나님은 보양하시고 보살피심으로써(엡 5:29) 하나님의 양 떼를 목양하시어, 그분의 양들이 신성한 생명 안에서 자라 성숙에 이르게 하신다(요 10:10-11, 14-16, 21:15-17, 히 13:20, 벧전 5:4, 2:25). 먹이는 것은 확실히 유기적이다.

기질상의 거룩하게 됨

기질상의 거룩하게 됨은 신성한 생명 안에서 자라고 있는 믿는 이들이 그들의 기질에서 하나님의 거룩한 본성으로 거룩하게 되는 것이다(롬 15:16, 6:19, 22, 살전 5:23). 우리의 천연적인 기질은 구부러지고 사악하고 비뚤어져 있다. 그러나 가르침이 아닌 하나님의 거룩한 본성으로 거룩하게 되고 교정될 수 있다.

새롭게 됨

새롭게 됨은 성경의 계시들과 진리의 영에 의해 우주, 인류, 하나님 등에 관한 종교, 논리, 철학에서 믿는 이들의 생각이 바뀌는 것이며, 심지어 십자가의 소멸시키는 일을 통하여 그들의 생각을 대치하는 그리스도의 생각을 갖게 되는 것이다(딛 3:5, 롬 12:2하, 엡 4:23, 롬 8:6, 빌 2:5, 고후 4:16).

중국에 온 선교사들은 우리가 서로를 사랑해야 한다고 말하면서 사랑에 대해 많이 말해 주었다. 구원받은 후에 나는 점차적으로 빛 비춤을 받아, 사랑을 포함한 그리스도인의 모든 미덕이 타고난 사람의 미덕과는 다르다는 것을 알게 되었다. 그리스도인의 모든 미덕은 사중(四重)의 자격을 갖추어야 한다. 먼저 십자가를 통과한 것이어야 하고, 그 영에 의한 것이어야 하며, 그리스도를 분배하기 위한 것이어야 하고, 교회를 산출하기 위한 것이어야 한다. 신약에서 가르치는 사랑은 자아를 처리하는 십자가를 통과한 것이고, 그 영에 의한 것이며, 교회를 산출하기 위하여 그리스도를 분배하는 것이다. 내가 이것에 대해 분명해진 후에 깨달은 것은, 선교사들이 자신들의 가르침이 성경에 따른 것이라고 주장하면서 사랑에 대해 잘못 가르쳤기 때문에 그들의 가르침에서 실수를 범했다는 것이었다. 성경에 계시된 사랑은 공자가 가르치는 것과 같은 타고난 사람의 사랑(이기심 없이 사람들을 사랑하는 것)이 아니다.

복종에서도 원칙은 동일하다. 아내들이 남편에게 복종하는 것은 십자가를 통과한 것이어야 하고, 그 영에 의한 것이어야 하며, 그리스도를 공급하고 분배하는 것이어야 하며, 교회를 산출하고 건축하기 위한 것이어야 한다. 이런 종류의 복종은 공자가 가르치는 복종과는 전적으로 다르다. 공자의 복종은 타고난 생명에 의한 것이며, 십자가나 그 영이나 그리스도를 분배하는 것과는 무관하고, 교회를 산출한다는 목표도 없다.

우리는 성경에서 가르치는 모든 미덕이 십자가를 통과한 것이어야 하고, 그 영에 의한 것이어야 하며, 몸을 건축하기 위해 교회를 산출하도록 그리스도를 분배하는 것이어야 한다는 사실에 인상을 받아야 한다. 이 문제에서 우리의 생각이 새롭게 될 필요가 있다.

변화

변화는 새롭게 됨(롬 12:2)의 결과이다. 그것은 안의 본성이 바뀌는 것뿐 아니라 표현을 위한 외적 형태가 바뀌는 것이다. 그것은 교정하는 것도 아니고 단순히 외적으로 바뀌는 것도 아니다. 그것은 외적인 표현을 위해 신성한 생명의 요소가 내적인 신진대사로 믿는 이들에게 더해지는 것이다(롬 12:2, 고후 3:18). 변화는 단지 외적인 바뀜이 아니라 신성한 생명이 더해짐으로 말미암아 우리가 그리스도의 형상으로 변화되도록 신진대사적으로 바뀌는 것이다.

건축

건축은 믿는 이들이 신성한 생명 안에서 자라고, 다른 믿는 이들과 함께 신성한 생명 안에서 연결되는 것이다(엡 4:15-16). 새롭게 됨은 변화로 귀결되고, 변화는 건축으로 귀결된다. 이것은 새 예루살렘의 기초석이 있는 성벽에 의해 완전히 입증된다. 새 예루살렘의 성벽은 벽옥으로서 하나님의 외양을 표현한다(계 4:3). 벽옥들은 변화되는 동안 함께 연결되고 성벽으로 건축된다.

건축되는 것이 단순히 다른 믿는 이들과 천연적인 방식으로 친근한 관계를 맺는 것이라고 생각해서는 안 된다. 그것은 건축되는 길이 아니다. 건축되는 합당한 길은 신성한 생명 안에서 함께 자라는 것이다. 우리가 자라는 동안 이 자람은 우리 모두를 하나로 결합한다.

같은 형상을 이룸

같은 형상을 이룸은 첫 번째 하나님-사람으로서 대량 산출을 위한 원형이신 하나님의 맏아들의 장성한 형상과 같은 형상을 이루는 것이다. 그분은 사람과 연합되신 하나님, 하나님과 연합된 사람으로서 하나님-사람 생활을 하셨으며, 이러한 생활은 인성 안에서 신성한 영광을 표현하기 위해 하나님의 모든 속성들을 인간 미덕들로 표현한다. 이러한 표현의 완결, 곧 신성한 생명 안에서 이루어지는 이러한 표현의 성숙이 바로 새 예루살렘이다(롬 8:29, 1:4, 엡 4:14, 계 21장).

영광스럽게 됨

영광스럽게 됨은 신성한 생명의 성숙에 의해 속에서부터 신성한 영광으로 적셔지는 것이자, 신성한 영광에 의해 신성한 영광으로 밖에서부터 영광스럽게 되는 것으로서, 믿는 이들의 몸에 대한 하나님의 법리적인 구속의 완성이며 하나님의 유기적인 구원 안에 있는 신성한 아들의 자격의 최상의 몫이다(롬 8:30, 히 2:10, 빌 3:21, 엡 4:30, 롬 8:23).

에베소서 4장 30절은 우리가 그분 안에서 '구속의 날에 이르도록' 도장 찍혔다고 말한다. 여기서 '구속'은 우리 몸의 구속을 가리킨다. 우리 안에서 도장이신 성령은 우리 몸이 구속될 때까지, 즉 몸이 변형되고 영광스럽게 될 때까지 하나님의 요소로 계속해서 우리에게 도장 찍고 계신다. 이것은 영광스럽게 됨이 적셔짐의 문제임을 의미한다. 우리는 성령을 어떤 종이에 스며들어 그것을 적시는 잉크에 비유할 수 있다. 우리 모두는 성령에 의해 '적셔져' 왔고, 날이 가고 해가 갈수록 그분의 '적시심' 곧 그분의 신성한 생명의 분배가 우리가 영광스럽게 될 때까지 점차적으로 우리를 적시고 있다. 우리는 하나님의 영광이신 성령에 의해 '적셔져' 왔다. 그러므로 우리는 하나님의 영광에 의해 '적셔져' 왔고, 하나님의 영광의 '적시심'은 그분의 영광이 우리 온 존재를 적실 때까지 우리에게 그분의 영광이 스며들게 한다. 이것을 본다면 우리는 영광스럽게 되는 것이 다만 객관적인 것이 아니라 매우 주관적인 것임을 깨닫게 될 것이다.

완전히 적셔지는 때는 우리 몸이 구속되는 때일 것이다. 우리의 영은 거듭났고, 지금 우리의 혼은 변화되고 있다. 그러나 우리의 몸은 여전히 옛 창조물이다. 이 때문에 우리의 낡은 몸은 구속될 필요가 있다. 구속의 마지막 단계 즉 우리 몸의 구속은 우리의 아들의 자격의 최상의 몫이 될 것이다.

만일 우리가 사람의 미덕을 통해 표현되는 신성한 속성에 따라 우리의 몸을 합당하게 통제하지 않는다면, 우리의 몸은 추한 것이 될 것이다. 나이 든 사람으로서 나의 몸은 매우 약하며, 이러한 몸의 약함이 나를 괴롭힌다. 나는 여전히 움직이고 일도 하지만 육체적인 약함 때문에 매일 고통을 받고 있다. 나는 속으로 '주 예수님, 어느 날 저는 영광스럽게 될 것입니다. 그럴 때 저는 신성한 아들의 자격 안에서 어떤 몫도 없는 이 낡은 몸에서 구출될 것입니다.'라고 말한다.

아들의 자격은 그 영께 속한 것이며, 그 영은 우리의 몸이 흠뻑 적셔질 때까지 우리를 아들의 자격으로 적시고 계신다. 그때 우리는 완전한 아들의 자격, 완전한 '아들화' 곧 우리 몸의 구속을 체험하게 될 것이다. 우리는 아직도 '아들화'되지 못한 부분 곧 물질적인 몸을 가지고 있기 때문에, 우리의 몸까지도 신성한 아들의 자격의 일부가 될 날을 기다리고 있다.

그리스도께서 그 영이신 그분 자신에 의해 하나님의 유기적인 구원을 성취하신다는 것을 상기함

우리는 그리스도께서 육체 안의 그리스도이신 그분 자신에 의해서가 아니라 생명 주시는 영이신 그분 자신에 의해 하나님의 유기적인 구원을 성취하신다는 것을 항상 상기해야 한다.

하나님의 유기적인 구원의 모든 항목이 그리스도의 하늘에서의 사역에 의해 수행됨을 기억함

우리는 또한 하나님의 유기적인 구원의 모든 항목이 그리스도의 땅에서의 사역에 의해 법리적이고도 객관적으로 수행되는 것이 아니라, 그분의 하늘에서의 사역에 의해 유기적이고도 주관적으로 수행됨을 기억해야 한다. 그리스도의 땅에서의 사역과 하늘에서의 사역에는 큰 차이가 있다. 오늘날 우리는 육체를 입으신 그리스도의 땅에서의 사역에 의해 법리적이고도 객관적으로 구원을 받고 있는 것이 아니라, 생명 주시는 영이신 그리스도의 하늘에서의 사역에 의해 유기적이고도 주관적으로 구원을 받고 있다. 이러한 유기적인 구원을 체험하기 위해 우리 모두는 그리스도의 하늘에서의 사역의 비밀한 영역 안으로 들어가야 한다.

3

완결되신 영과 공기 같은 영이신 그리스도라는 신성하고 비밀한 영역

The Divine and Mystical Realm of the Consummated Spirit and the Pneumatic Christ

제3장
완결되신 영과 공기 같은 영이신 그리스도라는 신성하고 비밀한 영역

성경: 요 14:10-11, 빌 1:19, 롬 8:9, 고후 3:17-18, 요 14:16-20, 고전 15:45하, 요 20:22, 16:12-15, 15:4-5, 8, 17:21, 23

개요

Ⅰ. 신성하고 비밀한 영역.

A. 아들은 아버지 안에 계시고 아버지는 아들 안에 계신다 — 요 14:10-11.

B. 이것은 아버지는 아들 안에 체현되시고 아들은 아버지의 체현이 되심으로써 신성하고 비밀한 영역을 형성하신다는 것을 가리킨다.

Ⅱ. 완결되신 영과 공기 같은 영이신 그리스도라는 신성하고 비밀한 영역 — 빌 1:19, 롬 8:9, 고후 3:17-18.

A. 또 다른 보혜사이신 실재의 영은 아들의 실재이시며 믿는 이들 안에서 아들의 임재로 실재화되신다 — 요 14:16-18.

B. 아들의 부활의 날, 곧 아들께서 생명 주시는 영이 되신(고전 15:45하) 날 밤에 그분은 제자들에게 오셔서 그들 안으로 숨을 불어 넣으시며 성령을 받으라고 요청하셨다(요 20:22). 이 모든 것으로 우리는 아들은 아버지 안에 계시고, 믿는 이들은 아

들 안에 있으며, 아들은 믿는 이들 안에 계심을 알 수 있다 — 요 14:19-20.

Ⅲ. 그리스도의 부활의 날 이전과 이후.

A. 그리스도의 부활의 날 이전.

1. 그리스도는 아직도 그분의 제자들에게 계시하실 것이 많이 있으셨다.
2. 그러나 제자들은 그것들을 감당할 수 없었는데(요 16:12), 그것은 그들이 아직 그리스도의 부활의 영을 받지 않아 신성하고 비밀한 영역 안으로 들어가지 못했기 때문이다.

B. 그리스도의 부활의 날 이후.

1. 실재의 영께서 오시면 그분께서 그리스도의 부활의 영 안에 있게 될 제자들을, 공기 같은 영이신 그리스도이시자 완결되신 영이신 그리스도의 몸을 위해 하나님의 경륜에 관한 모든 실재 안으로 인도하실 것이다.
2. 실재의 영은 그리스도에게서 들은 것을 말씀하시며, 로마서부터 요한계시록까지 신약의 스물두 서신서를 통해 그 말씀을 제자늘에게 선포하실 것이었다 — 요 16:13.

Ⅳ. 신성한 삼일성의 영원한 경륜을 위한 신성한 전이.

A. 아버지께서 가지신 모든 것이 아들의 소유이며 아들 안에 체현된다.

B. 아들께서 소유하신 모든 것은 그리스도의 부활 안에서 생명 주시는 영이 되신 그 영께서 받으셨고 그 영에 의해 실재화되었는데, 이것은 공기 같은 영이신 그리스도의 실재화를 위한 것이다.

C. 그 영은 그리스도께서 소유하신 모든 것을 받으시고 그것을 (그때 그리스도의 부활의 실재 안에 있었고 공기 같은 영이신 그리스도라는 신성하고 비밀한 영역 안에 있었던) 제자들에게 선포하셨는데, 이것은 교회들을 산출하시기 위한 것이었다. 그리

고 이 교회들은 그리스도의 몸으로 귀결되고 새 예루살렘으로 완결되어, 영원 안에서 모든 것을 포함하신 그리스도를 표현함으로써 그리스도를 영광스럽게 할 것이다 — 요 16:14-15.

V. 모든 믿는 이들은 하나를 지키기 위해 완결되신 영이라는 이 신성하고 비밀한 영역 안에 있으면서 삼일 하나님과 연합되어야 한다.

A. 모든 믿는 이들은 아버지의 영광(표현)을 위해 많은 열매를 맺도록 아들 안에 거함으로써 아들께서 그들 안에 거하시도록 해야 한다 — 요 15:4-5, 8.

B. 모든 믿는 이들은 아버지께서 아들 안에 계시고 아들께서 아버지 안에 계시는 것같이, 그들도 아버지와 아들 모두 안에 있음으로써 하나가 되어야 한다. 아들께서 믿는 이들 안에 계시고 아버지께서 아들 안에 계시는 것은 믿는 이들이 온전하게 되어 하나가 되도록 하시려는 것이다 — 요 17:21, 23.

VI. 그리스도의 하늘에서의 사역은 이 비밀한 영역 안에서 수행되며, 하나님의 유기적인 구원은 실지적으로 이 영역 안에서 성취된다.

VII. 믿는 이들은 반드시 이 영역 안으로 들어가는 것을 높게 여겨야 하며, 그리스도께서 생명 주시는 영이 되지 않으셨다면, 그분께서 공기 같은 영이신 그리스도가 아니시라면, 그분께서 주 영이 아니시라면, 그분께서 육체 안의 그리스도이실 뿐 부활 안의 그리스도가 아니시라면, 믿는 이들이 그리스도 안에서 하나님의 완전한 구원의 유기적인 방면을 누리고 체험하고 참여할 길이 결코 없음을 깨달아야 한다.

기도: 주님, 우리는 지금 당신께서 당신 속에 있는 깊은 것들을 계시하시며 우리에게 말씀하고 계심을 믿습니다. 우리는 너무도 축복을 받고 있습니다. 감사드립니다. 주님, 이제 우리는 어떻게 삼일 하나님이신 당신께서 한 영역이신지를 배우기 위해, 그리고 우리가 이 영역 안으로 곧 당신 안으로 들어가기를 당신께서 원하신다는 것을 보기 위해 당신 앞에 나옵니다. 주님, 우리의 눈을 열어 주십시오. 우리의 무능력을 제해 주시고, 당신께서 아시는 것처럼 우리가 비밀한 것들을 깨달을 수 있게 해 주십시오. 오, 주님, 우리를 덮어 주시고, 씻어 주시고, 기름 부어 주십시오. 주님, 우리가 당신의 임재를 느끼게 해 주시고 당신께서 여기에서 우리에게 말씀하고 계심을 알게 해 주십시오. 우리 모두가 당신의 음성을 듣게 해 주십시오. 주님, 당신은 참으로 긍휼이 많으신 분이십니다. 우리는 아무 가치도 없습니다. 우리는 아무것도 아니고, 아무것도 가진 것이 없으며, 아무것도 할 수 없습니다. 그러나 우리는 우리의 모든 것이신 당신을 가졌습니다. 아멘.

이번 장에서 우리는 최고봉인 신성하고 비밀한 영역에 왔다. 비밀한 것은 영적일 뿐만 아니라 비밀스럽다.

신성하고 비밀한 영역

삼일 하나님 곧 아버지와 아들과 영은 스스로 존재하시고, 영원히 존재하시며, 신성한 삼일성의 셋이 서로 안에 거하심으로써 상호 내재하신다. 요한복음 14장 10절과 11절에 따르면, 아들은 아버지 안에 계시고 아버지는 아들 안에 계신다. 이것은 아버지는 아들 안에 체현되시고 아들은 아버지의 체현이 되심으로써 신성하고 비밀한 영역 곧 삼일 하나님이라는 영역을 형성하신다는 것을 가리킨다. 그러므로 삼일 하나님 자신이 신성하고 비밀한 영역이시다.

우리가 오늘 들어갈 수 있는 신성하고 비밀한 영역은 사실상 단순히 삼일 하나님이라는 신성하고 비밀한 영역이 아니라, 완결되신 영과 공기 같은 영이신 그리스도라는 신성하고 비밀한 영역이다. '완결되신 영'과 '공기 같은 영이신 그리스도'라는 용어는 매우 특별하다.

완결되신 영은 어떤 분이신가? 완결되신 영은 바르는 관유, 곧 올리브기름 한 힌과 네 가지 향료와 그 효능들의 복합물(출 30:23-25)로 예표되시는 복합되신 영이시다. 그 영은 완결되시기 전에 하나님의 영, 여호와의 영, 성령이셨다.* 그분은 단지 하나님의 영으로서 하나님의 창조에 참여하셨다(창 1:2). 시간이 많이 지난 후에 하나님의 선민인 이스라엘이 괴로움을 당하고 있을 때, 하나님께서 여호와의 영으로서 그들을 돕기 위해 내려오셨다(삿 3:10, 6:34, 11:29, 13:25). 여호와의 영은 그분의 백성을 주관적인 방식이 아닌 객관적인 방식으로 돕기 위해 그들에게 가까이 오신 하나님이셨다.

구약은 주로 두 가지, 곧 하나님의 창조와 하나님의 선민인 이스라엘의 역사에 대한 기록이다. 이스라엘은 비참한 역사를 거쳤기 때문에 그들은 끊임없이 하나님의 도움이 필요했다. 그분께서 고난 가운데 있는 그분의 선민을 돕기 위해 오지 않으셨다면 그들은 살아남지 못했을 것이다. 하나님의 창조 안에서 그 영은 하나님의 영이셨으며, 하나님께서 이스라엘을 도와주셨을 때는 여호와의 영이셨다.

육체 되심을 통해 하나님은 사람이 되셨다. 하나님께서 사람이 되신 것은 완전히 새로운 일이었다. 이 새로운 일을 위해 특별한 명칭이 하나

* '그 영(the Spirit)'은 하나님의 영에 대한 일반적인 명칭으로 사용될 뿐 아니라, 과정을 거치신 후 완결되신 영에 대한 특정한 명칭으로도 사용됨—역자 주

님의 영에 대해 사용되었는데 바로 성령이다(마 1:18, 20, 눅 1:35). 헬라어 성경 원문에서 성령은 종종 '거룩하신 분 그 영(the Spirit the Holy)'(눅 2:26, 3:22, 10:21, 요 14:26)이라고 불리신다. '성령'이라는 명칭은 육체 되심과 관련되어 사용되었는데, 이것은 육체 되심이 전적으로 거룩한 일이었기 때문이다. 하나님께서 사람이 되시기 위해 오신 것은 가장 거룩한 사건이었으며, 누가복음 1장 35절에서는 '거룩하신 것'이라는 표현을 사용하기까지 했다(참조 눅 1:35 각주 3). 하나님–사람의 잉태는 성령에게서 비롯된 것이었으므로, 그러한 잉태에서 태어난 것은 거룩하신 것이었다. 이 일을 수행하신 그 영은 다만 하나님의 영이나 여호와의 영이 아니시라 성령이셨다. 그러므로 성경에서 그 영은 하나님의 영과 여호와의 영과 성령이라고 불리신다.

요한복음 7장에서 하나님–사람이신 주 예수님은 장막절에 참여하셨다. 장막절의 마지막 날 곧 큰 날에 그분은 서시어 외치시며 "누구든지 목마르거든 나에게로 와서 마시십시오. 나를 믿는 사람은 … 그의 가장 깊은 곳에서 생수의 강들이 흘러나올 것입니다."(37–38절)라고 말씀하셨다. 이 책의 저자인 요한은 그다음 절에서 몇 마디 간단한 설명을 덧붙였다. "이것은 예수님을 믿은 사람들이 받을 그 영에 대해 말씀하신 것이다. 예수님께서 아직 영광스럽게 되지 않으셨기 때문에, 그 영께서 아직 계시지 않았다."(39절) 우리는 "그 영께서 아직 계시지 않았다."라는 말에 특별한 주의를 기울여야 한다. 하나님의 영은 태초에, 곧 창조 때에 거기에 계셨다. 여호와의 영은 이스라엘 백성이 고난에 처할 때에 그들을 돕기 위해 거듭거듭 오셨고, 성령은 육체 되심의 과정에 활발히 참여하고 계셨다. 그런데 어떻게 요한은 그 영께서 '아직 계시지 않았다'고 말할 수 있었는가? 물론 그 영은 창세기에서는 하나님의 영으로 계셨고, 사사기에서는 여호와의 영으로 계셨으며, 마태복음과 누가복음에서는 성령으로 계셨지만, 복합되시고 완결되신 영으로서의 '그 영'은 요한복음 7장 39절에서는 '아직 계시지 않았다'. 왜냐하면 그때는 아직 예수님께서 영광스럽게 되지 않으셨기 때문이다. 사람 예수님은 부활 안에서 영광스럽게 되셨다(눅 24:26). 그러므로 그 영은 그리스도께서 부활하실 때까지는 '아직 계시지 않았다'. 육체를 입으신 마지막 아담이신 그리스도는 부활 안에서 생명 주시는 영 곧 생명을 공급하시는 영이 되셨다(고전 15:45).

이제 우리는 그 영의 완결에 대한 역사에 관해 무언가를 볼 수 있다. 비록 그 영은 이미 하나님의 영, 여호와의 영, 성령이셨지만 생명을 주시는 그 영은 요한복음 7장에서 '아직' 계시지 않았는데, 그것은 주 예수님께서 아직 사람의 죄들로 인한 죽음을 통과하지 않으셨고 부활 안으로 들어가지 않으셨기 때문이었다. 요한복음 7장의 때에 그분은 여전히 육체를 입고 계셨으므로 사람들 안에 들어가셔서 그들의 생명이 되실 수 없었다. 그러나 부활 안에서 그리스도는 생명 주시는 영이 되셨고, 이제 그분은 믿는 이들 안으로 들어오셔서 그들에게 생명을 나누어 주실 수 있다.

부활 안에서 하나님의 영은 그리스도의 인성, 그분의 죽음과 그 효능, 그분의 부활과 그 능력과 함께 연합되셨다. 이러한 연합의 결과는 복합되시고 완결되신 영이다.

성경은 그 영께서 완결되신 영이 되셨음을 계시한다. 많은 그리스도인들이 성경에서 완결되신 영에 대한 계시를 보지 못했으므로 재교육을 받을 필요가 있다. 어떤 사람들은 "하나님은 영원부터 동일하십니다. 그분은 결코 변하지 않으십니다."라고 말할지 모른다. 그러나 성경은 분명히 영이신 하나님께서 육체가 되셨음을 계시한다(요 1:14). 이것이 변화가 아니라는 말인가? 더욱이 육체를 입으신 마지막 아담이 생명 주시는 영이 되셨다. 이것 또한 변화가 아닌가? 하나님은 먼저 육체 되심을 통해 육체가 되심으로써 변하셨고, 그 후에 부활 안에서 생명 주시는 영이 되심으로써 다시 변하셨다. 이 영은 완결되신 영이시다. 나는 오랜 전통 신학의 영향 아래 있는 사람들이 우리의 최고의 권위인 성경이 완결되신 영에 대해 무엇을 계시하는지 기꺼이 배우고자 하는 마음을 갖기를 소망한다.

성경은 또한 그리스도께서 공기 같은 영이신 그리스도가 되셨음을 계시한다. 영원 안에서 그리스도는 영이신 하나님이셨다. 그러나 어느 날 그분은 육체가 되셨다. 로마서 1장 3절과 4절은 "육체에 따라 말하자면 다윗의 씨에서 나셨고, 거룩한 영에 따라 말하자면 죽은 사람들 가운데서 부활하시어 능력으로 하나님의 아들로 인정되셨습니다."라고 말한다. '거룩한 영'이라는 칭호는 그리스도의 신성, 곧 그분의 신성한 본질을 가리킨다. 베드로전서 3장 18절은 그리스도의 십자가에 못 박히심에 대해 말하면서 그분께서 한 면으로 육체 안에서는 죽으셨으나, 다른 면으로 영 안에서는 살아나셨다고 말한다. 십자가는 그리스도를 그분의 육체 안에서만 죽음당하게 했을 뿐, 그분의 신성인 그분의 영 안에서는 그렇게 하지 못했다. 그분의 육체가 십자가에서 죽었을 때 그분의 신성인 그분의 영은 죽지 않았다. 오히려 그분의 신성인 그분의 영은 생명의 새로운 능력으로 살아나 활기 있게 되었다. 그러므로 그분께서 그분의 인성 안에서 죽어 가고 계실 때에도, 그리고 심지어 그분께서 장사되신 후에도 그분의 신성인 그분의 영은 여전히 활동하고 있었다.

요한복음 12장 24절에서 주 예수님은 그분 자신을 한 알의 밀로 언급하셨다. "한 알의 밀이 땅에 떨어져 죽지 않으면 한 알 그대로 남아 있지만, 죽으면 많은 열매를 맺습니다." 그분께서 한 알의 밀로 땅에 떨어지셨을 때 즉시 죽음이 활동하기 시작했다. 그러나 그분의 '껍질'이 죽어 가고 있을 때에 그분 안에 있던 신성한 생명은 자라고 있었다. 여기에서 우리는 주 예수님께서 죽어 가고 계시는 동안 또한 자라고 계셨음을 본다. 이런 종류의 활동이 없었다면 그분은 부활하실 수 없었을 것이다.

예수님의 육체는 십자가에 못 박히고 장사되었다. 어떻게 그분의 육체가 부활할 수 있었는가? 요한복음 20장에서 베드로와 요한은 주님이 묻히신 무덤에 왔다. 베드로가 무덤에 들어가 보니 세마포가 놓여 있었고, 예수님의 머리를 쌌던 수건은 세마포와 함께 놓여 있지 않고 따로 한 곳에 개어져 있었다(6-7절). 예수님의 육체는 확실히 누가 훔쳐 간 것이 아니었다. 그러면 어떻게 주님의 죽고 장사된 육체가 부활할 수 있었는가? 이 질문에 대한 대답은 바로 그분의 육체는 거기에 묻혀 있었지만 그분의 신성은 여전히 매우 활동적이었다는 것이다. 그분의 장사되심과 부활하심 사이의 기간 동안 그분의 신성인 그분의 영은 계속 활동하면서, 그분의 인성을 부활하게 하고 높이 올리고 신성 안으로 이끎으로써 하나님에게서 태어나게 했다. 사도행전 13장 33절에 따르면, 하나님은 바로 부활 안에서 예수님을 하나님의 아들로 낳으셨다. 그러므로 예수님은 그분의 인성이 신성 안으로 높아지고 심지어 신성한 아들의 자격 안으로 이끌림으로 말미암아 하나님의 맏아들로 태어나셨다. 동시에 그분은 생명 주시는 영이 되셨고, 그 결과 공기 같은 영이신 그리스도가 되셨다.

우리는 그 영께서 완결되셨다는 것과 그리스도께서 생명 주시는 영 곧 공기 같은 영이신 그리스도가 되셨다는 것을 보았다. 그러므로 우리는 이제 이 완결되신 영과 공기 같은 영이신 그리스도라는 신성하고 비밀한 영역에 대해 말할 수 있다. 이것은 얼마나 놀라운 영역인가!

우리는 신성한 삼일성의 셋이 스스로 존재하시고 영원히 존재하시며 상호 내재하신다는 것과, 그러한 분으로서 아버지와 아들과 영께서 신성하고 비밀한 영역이 되신다는 것을 지적했다. 비밀한 영역이신 삼일 하나님께는 '복잡하게 하는' 어떤 요소도 없지만, 완결되신 영과 공기 같은 영이신 그리스도라는 신성하고 비밀한 영역 안에는 '복잡하게 하는' 많은 요소들이 있으며, 이 모든 것들은 우리에게 축복이 된다.

하나님은 우리가 그분 안에 있기를 원하셨다. 만일 하나님께서 그리스도의 인성과 죽음과 부활이 없는 단순한 삼일 하나님이시고 우리가 그분 안으로 들어갈 수 있다면, 우리는 아버지와 아들과 영은 발견할 수 있겠지만 인성과 죽음과 부활은 찾을 수 없을 것이다. 그러나 우리가 완결되신 영과 공기 같은 영이신 그리스도라는 신성하고 비밀한 영역 안으로 들어간다면, 그분의 신성뿐 아니라 그분의 인성, 그분의 죽음과 그 효능, 그분의 부활과 그 물리치는 능력도 얻을 것이다. 모든 것이 이 놀라운 영역 안에 있다.

나는 중국에서 태어났고 미국 시민으로 귀화했지만, 내가 중국인이라는 느낌도 미국인이라는 느낌도 없다는 것을 간증할 수 있다. 나의 영역은 중국이나 미국이 아니라 복잡하시고 알기 어려우신 삼일 하나님이다. 여기에서 나는 아버지와, 십자가에 못 박히시고 부활하신 아들과, 완결되신 영과 함께 있다. 그러한 삼일 하나님 안에 있으므로, 나는 내게 필요한 것은 무엇이든지 가지고 있다. 내게 십자가에 못 박히는 것이 필요하다면 나는 이 영역 안에서 내가 이미 십자가에 못 박혔음을 발견한다. 부활이 필요하다면 이 영역 안에서 나는 이미 부활했다. 이러한 신성하고 비밀한 영역으로 인해 주님을 찬양한다!

이제 완결되신 영과 공기 같은 영이신 그리스도라는 신성하고 비밀한 영역에 대해 요한복음 14장에 계시된 것을 생각해 보자. 1절은 "여러분은 마음에 근심하지 마십시오."라고 말한다. 우리는 어떤 영역에서 근심하는가? 우리는 땅에서, 이 세상(요 16:33)에서 곧 물질적인 영역 안에서 근심한다.

요한복음 14장 1절에서 주 예수님은 계속해서 "하나님을 믿고 또 나를 믿으십시오."*라고 말씀하신다. 여기에서 '안으로(into)'라는 전치사는 매우 중요하다. 우리는 하나님과 그리스도를 믿을 뿐 아니라 하나님과 그리스도 안으로 믿어 들어가야 한다. 우리가 세상 안에 있기 때문에 우리의 마음은 근심하며, 이러한 근심이 해소되는 길은 우리가 그리스도 안으로 믿어 들어가는 것이다. 여기에서 우리는 두 영역을 볼 수 있다. 하나는 모든 근심이 다 있는 세상 곧 물질적인 영역이며, 또 하나는 아버지와 아들과 영 곧 삼일 하나님이라는, 평안이 있는 비밀한 영역이다.

요한복음 16장 33절에서 주 예수님은 "내가 여러분에게 이러한 말들을 한 것은 여러분이 내 안에서 평안을 얻도록 하려는 것입니다. 세상에서는 여러분이 환난을 당하나, 용기를 내십시오. 내가 세상을 이겼습니다."라고 말씀하셨다. 우리는 여기에서 물질적인 영역(세상)과 비밀한 영역(나)을 본다.

요한복음 14장과 15장과 16장은 하나의 부문이다. 이 부문의 시작인 14장 1절에서 주 예수님은 우리가 그분 안으로 믿어 들어갈 수 있도록 도와주시기 위해 의도적으로 무언가를 말씀하셨다. 그리스도 안으로 믿어 들어가는 것이 간단한 일이라고 생각해서는 안 된다. 그분께서 십자가에서 죽으심으로 우리의 죄들을 없애시고, 우리의 육체를 십자가에 못 박으시고, 우리의 옛사람을 끝내지 않으셨다면, 그리고 그분께서 부활하심으로 생명 주시는 영이 되지 않으셨다면, 그분께서 우리 안으로 들어오셔서 우리를 그분께로 이끄실 방법이 없었을 것이다.

주 예수님께서 하나님과 그분 안으로 믿어 들어가는 것에 대해 말씀

* 이 절에서 '-을 믿다'에 해당하는 영어를 직역하면 '안으로 믿어 들어가다(believe into)'로 번역할 수 있음—역자 주

하셨을 때, 만약 우리가 거기 있었다면 "주님, 저는 당신 안으로 들어가기를 원합니다. 당신 안으로 믿어 들어가는 방법을 말씀해 주십시오."라고 말했을 것이다. 이어지는 절들에서 계시하듯이, 우리가 그분 안으로 들어가기 위해서는 그분께서 죽고 부활하심으로 생명 주시는 영이 되셔야 했다. 그 결과 우리는 그분 안으로 믿어 들어가 "오, 주 예수님!"이라고 부름으로써 그분을 받아들일 수 있게 되었다.

요한복음 14장 1절과 16장 33절 사이에는 우리가 어떻게 그분 안으로 믿어 들어갈 수 있는지에 대한 주님의 가르침이 있다. 14장 2절 상반절은 "나의 아버지의 집에는 거할 곳이 많습니다."라고 말한다. 14장 1절에서 주 예수님은 하나님과 그분 안으로 믿어 들어가는 것에 대해 말씀하시는데, 여기서 그분은 갑자기 아버지의 집에 대해 말씀하신다. 아버지의 집은 확실히 하늘에 있는 저택이 아니라 무언가 비밀한 것이다. 2장 16절과 21절의 해석에 따르면, '나의 아버지의 집'은 하나님의 거처인 성전 곧 부활 안에서의 그리스도의 증가를 가리키며, 그리스도의 증가는 바로 그리스도의 몸인 교회이다(딤전 3:15, 엡 2:21-22). 처음에 그리스도의 몸은 단지 그분의 개인적인 몸이었다. 그러나 죽음과 부활을 통과하면서 그리스도의 몸은 증가되어, 교회이자 하나님의 집(딤전 3:15)이자 하나님의 성전(엡 2:21)인 그분의 단체적인 몸이 되었다. 여러분은 하나님과 아들 안으로 믿어 들어갔을 때 교회 안으로 들어갔다는 것을 깨달은 적이 있는가?

요한복음 14장 2절은 아버지의 집에 '거할 곳이 많다'고 말한다. 그 거할 곳은 그리스도의 몸의 지체들인 믿는 이들이다. 23절에서 확인되듯이 모든 믿는 이가 거할 곳이다.

요한복음 14장 2절 후반부에서 주 예수님은 "내가 가서 여러분을 위하여 한 곳을 예비하겠습니다."라고 말씀하셨다. '내가 간다'라는 말은 '내가 죽는다'라는 의미이다. 그분은 '내가 간다'라고 말씀하심으로써 비밀한 방식으로 그분의 죽음을 말씀하고 계셨다.

이 시점에서 나는 여러분에게 요한복음이 비밀한 책이며, 요한복음에 있는 모든 기록이 비밀한 기록임을 상기시켜 주고자 한다. 육체 되심을 말하기 위해 "말씀께서 육체가 되시어"(1:14)라고 말하는 것은 비밀한 방식으로 말하는 것이다. 마찬가지로, 생수가 우리 안에서 원천이 되어 샘솟아 올라 영원한 생명에 이를 것이라고 말하는 것(4:10, 14) 역시 비밀한 방식으로 말하는 것이다. 요한복음이 비밀한 책이기 때문에, 이 책을 읽을 때 그것을 비밀한 방식으로 이해하는 것이 필요하다.

요한복음 14장 3절에서 주 예수님은 "내가 가서 여러분을 위하여 한 곳을 예비하면, 다시 와서 여러분을 나에게로 영접하여, 내가 있는 곳에 여러분도 있도록 하겠습니다."라고 이어서 말씀하셨다. 여기서 주님은 그분의 가심과 그분의 오심, 둘 다를 말씀하셨다. '와서'라는 말은 현재 진행형인데(참조 영어 회복역), 이것은 주 예수님께서 이 말씀을 하고 계셨을 때에도 이미 오고 계셨음을 가리킨다. 주님은 이 말씀을 하고 계셨을 때 부활 안으로 들어갈 준비를 하고 계셨다. '간다'라는 것은 죽는 것이고 '오고 있다'라는 것은 부활하는 것이다. 그분은 죽으시기 전에도 자신이 돌아오실 것을 알고 계셨다. 여기서 그분의 가심과 오심, 곧 그분의 죽음과 부활은 비밀한 방식으로 언급된다.

요한복음 14장 3절에서 주 예수님은 "여러분을 나에게로 영접하여"라고 말씀하셨다. 만일 우리가 거기 있었다면 "주님, 저를 아버지의 집으로 영접하시는 것이 아니었습니까? 왜 저를 당신 자신께로 영접하리라고 말씀하십니까?"라고 물었을 것이다. 이 질문에 대한 대답은 아버지의 집이 바로 그리스도 자신이라는 것이다.

요한복음 14장 3절은 "내가 있는 곳에 여러분도 있도록 하겠습니다."

라는 말로 끝맺는다. 그분은 아버지 안에 계신다. 그러므로 우리가 그분께서 계신 곳에 있다는 것은 우리 또한 아버지 안에 있으리라는 것을 의미한다. 이것은 우리가 아버지, 곧 신성하고 비밀한 영역 안으로 믿어 들어가는 것과 관련된다.

주 예수님은 계속해서 "내가 어디로 가는지 여러분은 그 길을 압니다."(요 14:4)라고 말씀하셨다. 그때 도마는 "주님, 우리는 주님께서 어디로 가시는지 모르는데, 어떻게 그 길을 알 수 있겠습니까?"(5절)라고 말했다. 요한복음 14장 6절에서 예수님은 그에게 "내가 곧 길이요 실재요 생명이니, 나를 통하지 않고서는 아무도 아버지께로 가지 못합니다."라고 말씀하셨다. 여기에서 주님은 "아무도 아버지의 집으로 가지 못합니다."라고 말씀하지 않으셨다. 그분은 "아무도 아버지께로 가지 못합니다." 라고 말씀하셨다. 아버지께로 가는 것이 아버지의 집으로 가는 것이다. 왜냐하면 아버지께서 그 집이시기 때문이다. '나를 통하지 않고서는'이라는 말은 우리가 오직 길이신 그리스도를 통해서만 집이신 아버지께로 갈 수 있다는 것을 제시한다.

그다음 절에서 주 예수님은 "여러분이 나를 알았더라면 내 아버지도 알았을 것입니다. 이제는 여러분이 내 아버지를 알고 있으며, 그분을 이미 보았습니다."(요 14:7)라고 말씀하셨다. 빌립이 이 말씀을 들었을 때, 그는 "주님, 아버지를 우리에게 보여 주십시오. 그러면 우리가 만족하겠습니다."(8절)라고 말했다. 요한복음 14장 9절과 10절은 계속해서 "예수님께서 그에게 말씀하셨다. '빌립이여, 내가 이렇게 오랫동안 여러분과 함께 있었는데도, 그대가 나를 알지 못하십니까? 나를 본 사람은 아버지를 본 것인데, 어떻게 아버지를 보여 달라고 하십니까? 내가 아버지 안에 있고 아버지께서 내 안에 계시는 것을, 그대가 믿지 않습니까? 내가 여러분에게 하는 말은 내 스스로 하는 것이 아니라, 내 안에 거하시는 아버지께서 그분의 일을 하시는 것입니다. …’ ”라고 말한다. 여기에서 우리는 아들께서 말씀하시는 것이 사실상 아버지께서 말씀하시는 것이며, 아버지께서 아들 안에 거하심으로써 일하시는 것임을 본다. 이것은 전적으로 비밀하다.

우리는 삼일 하나님께서 신성하고 비밀한 영역이시라는 사실을 강조했다. 요한복음 14장의 첫 부문에서 계시되듯이, 아들은 아버지 안에 계시고 아버지는 아들 안에 계신다. 16절부터 18절까지에는 아버지와 아들에 관한 말씀뿐 아니라 그 영에 관한 말씀이 있다. “내가 아버지께 구하겠습니다. 그러면 아버지께서 또 다른 보혜사를 여러분에게 보내 주실 것이고, 그분은 영원히 여러분과 함께 계실 것입니다. 그분은 실재의 영이십니다. 세상은 그분을 받을 수 없습니다. 왜냐하면 그분을 보지도 못하고, 알지도 못하기 때문입니다. 그러나 여러분은 그분을 알고 있습니다. 왜냐하면 그분께서 여러분과 함께 거하시고, 여러분 안에 계실 것이기 때문입니다. 나는 여러분을 고아처럼 버려두지 않을 것입니다. 나는 여러분에게 돌아옵니다.” 첫 번째 보혜사는 육체를 입으신 그리스도이시고 또 다른 보혜사는 실재의 영이시다. 17절에서 실재의 영이신 ‘그분’은 18절에서 주님 자신인 ‘나’가 된다. 이것은 육체를 입으신 그리스도께서 죽음과 부활을 통과하시어 생명 주시는 영, 공기 같은 영이신 그리스도가 되셨다는 의미이다. 이것은 단지 영적인 것만이 아니다. 이것은 비밀스러운 것이다. 실재의 영은 영적이시지만 육체를 입으신 그리스도는 영적이지 않으시다고 말할 수 없다. 왜냐하면 육체 안에 계셨을 때도 아들 그리스도는 확실히 영적이셨기 때문이다. 우리가 여기서 보아야 할 것은 단지 영적이기만 한 것이 아니라 비밀스러운 것이다.

요한복음 14장 19절은 계속해서 “잠시 후면 세상은 나를 더 이상 보지 못하겠지만, 여러분은 나를 볼 것인데, 이것은 내가 살므로 여러분도 살

것이기 때문입니다."라고 말한다. 이 절은 그리스도의 부활을 가리킨다. 그분께서 부활 안에서 사시기 때문에 우리 또한 산다. 왜냐하면 베드로전서 1장 3절에서 계시되듯이 우리가 그분의 부활 안에서 거듭났기 때문이다.

요한복음 14장 20절에서 주 예수님은 '그날'을 말씀하셨다. '그날'은 그분의 부활의 날이며(20:19), 그날 그분은 공기화되신 그리스도, 공기 같으신 그리스도가 되셨다. 그러므로 '그날'은 사실상 '부활의 날'을 의미한다.

이제 요한복음 14장 20절을 보도록 하자. "그날에는 내가 아버지 안에 있고, 여러분이 내 안에 있으며, 내가 여러분 안에 있는 것을 여러분이 알 것입니다." 이것은 아버지와 아들과 영만이 아니라 믿는 이들도 포함된 신성하고 비밀한 영역을 가리킨다. 이제 그리스도 안의 믿는 이들인 우리가 완결되신 영과 공기 같은 영이신 그리스도라는 신성하고 비밀한 영역 안에 있는 것으로 인해 주님을 찬양한다!

완결되신 영과 공기 같은 영이신 그리스도라는 신성하고 비밀한 영역

우리 모두는 삼일 하나님이 아닌 완결되신 영과 공기 같은 영이신 그리스도라는 신성하고 비밀한 영역 안으로 들어갈 필요가 있다(빌 1:19, 롬 8:9, 고후 3:17-18).

또 다른 보혜사이신 실재의 영은 아들의 실재이심

요한복음 14장 16절부터 18절까지는 또 다른 보혜사이신 실재의 영께서 아들의 실재이시며 믿는 이들 안에서 아들의 임재로 실재화되신다는 것을 말해 준다. 그 영은 아들의 실재이시며, 우리 안에 계신 아들의 임재는 그 영이다.

아들은 아버지 안에 계시고, 믿는 이들은 아들 안에 있으며, 아들은 믿는 이들 안에 계심

아들의 부활의 날, 곧 아들께서 생명 주시는 영이 되신(고전 15:45하) 날 밤에 그분은 제자들에게 오셔서 그들 안으로 숨을 불어 넣으시며 성령을 받으라고 요청하셨다(요 20:22). 만일 그분께서 그 영이 아니시라면 어떻게 숨을 불어 넣으시며 제자들에게 그 영을 받으라고 요청하실 수 있겠는가? 이 모든 것으로 우리는 아들은 아버지 안에 계시고, 믿는 이들은 아들 안에 있으며, 아들은 믿는 이들 안에 계심을 알 수 있다(요 14:19-20).

그리스도의 부활의 날 이전과 이후

그리스도의 부활의 날 이전

그리스도는 아직도 그분의 제자들에게 계시하실 것이 많이 있으셨다. 그러나 제자들은 그것들을 감당할 수 없었는데(요 16:12), 그것은 그들이 아직 그리스도의 부활의 영을 받지 않아 신성하고 비밀한 영역 안으로 들어가지 못했기 때문이다.

그리스도의 부활의 날 이후

주 예수님은 실재의 영께서 오시면 그분께서 그리스도의 부활의 영 안에 있게 될 제자들을, 공기 같은 영이신 그리스도이시자 완결되신 영이신 그리스도의 몸을 위해 하나님의 경륜에 관한 모든 실재 안으로 인도하실 것이라고 말씀하셨다. 실재의 영은 그리스도에게서 들은 것을 말씀하시며, 로마서부터 요한계시록까지 신약의 스물두 서신서를 통해 그 말씀을 제자들에게 선포하실 것이었다(요 16:13).

신성한 삼일성의 영원한 경륜을 위한 신성한 전이

아버지께서 가지신 모든 것이 아들의 소유임

아버지께서 가지신 모든 것은 아들의 소유이며 아들 안에 체현된다.

아들께서 소유하신 모든 것은 그 영에 의해 실재화됨

아들께서 소유하신 모든 것은 그리스도의 부활 안에서 생명 주시는 영이 되신 그 영께서 받으셨고 그 영에 의해 실재화되었는데, 이것은 공기 같은 영이신 그리스도의 실재화를 위한 것이다.

그 영은 그리스도께서 소유하신 모든 것을 받으시고 그것을 제자들에게 선포하셨음

그 영은 그리스도께서 소유하신 모든 것을 받으시고 그것을 (그때 그리스도의 부활의 실재 안에 있었고 공기 같은 영이신 그리스도라는 신성하고 비밀한 영역 안에 있었던) 제자들에게 선포하셨는데, 이것은 교회들을 산출하시기 위한 것이었다. 그리고 이 교회들은 그리스도의 몸으로 귀결되고 새 예루살렘으로 완결되어, 영원 안에서 모든 것을 포함하신 그리스도를 표현함으로써 그리스도를 영광스럽게 할 것이다(요 16:14-15). 먼저 만물은 아버지의 것이었다. 그 후 아버지께서 소유하신 모든 것은 그리스도의 소유가 되었다. 이어서 그리스도께서 소유하신 모든 것을 그 영께서 들으시고 받으셨으며, 또한 그 영은 이 모든 것을 믿는 이들에게 선포하신다. 이것은 신성한 삼일성의 영원한 경륜을 위한 신성한 전이이다.

믿는 이들은 하나를 지키기 위해 완결되신 영이라는 신성하고 비밀한 영역 안에 있어야 함

모든 믿는 이들은 하나를 지키기 위해 완결되신 영이라는 이 신성하고 비밀한 영역 안에 있으면서 삼일 하나님과 연합되어야 한다.

믿는 이들이 아들 안에 거함

모든 믿는 이들은 아버지의 영광(표현)을 위해 많은 열매를 맺도록 아들 안에 거함으로써 아들께서 그들 안에 거하시도록 해야 한다(요 15:4-5, 8). 요한복음 14장에서 주님은 처소들 곧 거할 곳들을 예비하셨다. 15장에서 우리는 우리의 거처이신 그분 안에 거함으로써 그분께서 그분의 거처인 우리 안에 거하시도록 해야 한다는 것을 본다.

모든 믿는 이들은 하나가 되어야 함

모든 믿는 이들은 아버지께서 아들 안에 계시고 아들께서 아버지 안에 계시는 것같이, 그들도 아버지와 아들 모두 안에 있음으로써 하나가 되어야 한다. 아들께서 믿는 이들 안에 계시고 아버지께서 아들 안에 계시는 것은 믿는 이들이 온전하게 되어 하나가 되도록 하시려는 것이다(요 17:21, 23). 우리의 하나는 반드시 삼일 하나님의 셋 가운데의 하나와 같아야 한다. 사실상 믿는 이들의 하나는 삼일 하나님의 하나이다. 우리는 바로 삼일 하나님 안에서 온전하게 되어 하나가 될 수 있다. 그러므로 참된 하나는 삼일 하나님 안에 있다.

요한복음 14장부터 16장까지에서 주 예수님은 제자들에게 메시지를 전해 주셨고, 그런 다음 17장에서 아버지께 기도를 하셨다. 결론적인 기도에서 주님은 우리의 하나가 삼일 하나님 안에 있는 것이어야 하며, 공기 같은 영이신 그리스도와 완결되신 영과 함께하는 것이어야 함을 지적하셨다. 이 참된 하나는 삼일 하나님과 믿는 이들의 연합이다. 이러한 하나를 갖기 위해 믿는 이들은 반드시 신성하고 비밀한 영역이신 삼일 하나님 안에 있어야 한다. 이 영역에서 아버지는 아들 안에 계시고, 아들은 믿는 이들 안에 계시며, 믿는 이들은 아버지 안에 계신 아들 안에 있다. 이것은 믿는 이들이 공기 같은 영이신 그리스도와 완결되신 영이라는 신성하고 비밀한 영역 안에서 삼일 하나님과 하나라는 것을 의미한다.

그리스도의 하늘에서의 사역은
이 비밀한 영역 안에서 수행됨

그리스도의 하늘에서의 사역은 이 비밀한 영역 안에서 수행되며, 하나님의 유기적인 구원은 실지적으로 이 영역 안에서 성취된다. 만일 우리가 이 영역 안에 있지 않다면, 우리는 그리스도의 하늘에서의 사역에 참여할 수 없으며 또한 하나님의 유기적인 구원을 누리지 못할 것이다.

믿는 이들은 이 영역 안으로 들어가는 것을 높게 여겨야 함

믿는 이들은 반드시 이 영역 안으로 들어가는 것을 높게 여겨야 하며, 그리스도께서 생명 주시는 영이 되지 않으셨다면, 그분께서 공기 같은 영이신 그리스도가 아니시라면, 그분께서 주 영이 아니시라면, 그분께서 육체 안의 그리스도이실 뿐 부활 안의 그리스도가 아니시라면, 믿는 이들이 그리스도 안에서 하나님의 완전한 구원의 유기적인 방면을 누리고 체험하고 참여할 길이 결코 없음을 깨달아야 한다.

4

직접 우리의 영과 함께하시는 그 영 — 하나님의 유기적인 구원의 여덟 부문을 여는 열쇠(1)

"The Spirit Himself with Our Spirit"—
the Key to Open the Eight Sections
of the Organic Salvation of God (1)

제4장

직접 우리의 영과 함께하시는 그 영 — 하나님의 유기적인 구원의 여덟 부문을 여는 열쇠 (1)

개요

주(註): 하나님께서 그분의 유기적인 구원에서 갖고 계신 의도는 믿는 이들의 영을 그분의 영과 합하여 한 영 곧 연합된 영이 되게 하시는 것이다 — 고전 6:17.

I. 첫 번째 부문인 거듭남을 열어 줌.

A. 실재의 영께서 죄에 대하여, 의에 대하여, 심판에 대하여 죄인들을 책망하시기 위해 오셔서(요 16:8–11), 그들을 타락한 상태에서 회개하고 그리스도의 죽음과 장사됨 안으로 들어가게 하신다(마 3:2, 5–6).

B. 이때 실재의 영께서 회개한 믿는 이들을 그리스도의 부활 생명으로 발아시키심으로써 그들의 영 안에서 그들을 새로 나게 하셔서 거듭나게 하신다 — 벧전 1:3, 요 3:3, 5.

C. "(하나님의) 영으로 난 것은 (사람의) 영입니다." 그 영으로 난 것은 영이다 — 요 3:6.

D. 즉시 하나님의 영은 거듭난 믿는 이들의 영과 함께 그들이 하나님의 (영적인) 자녀인 것을 증언하신다 — 롬 8:16.

Ⅱ. 두 번째 부문인 먹이심을 열어 줌.

A. 주님은 갓난아기들 같은 거듭난 믿는 이들에게 영과 생명(요 6:63)인 (영적인) 말씀의 젖을 먹이셔서, 그들을 매일의 구원에 이르도록 그분의 생명 안에서 자라게 하시기를 원하신다 — 벧전 2:2.

B. 그들은 신성한 생명 안에서 자라는 동안 젖뿐 아니라 단단한 음식도 먹어야 하는데, 그 길은 그들의 영을 사용하여 하나님의 말씀의 영을 접촉함으로써 생명의 공급을 얻는 것이다 — 히 5:13-14, 마 4:4하.

Ⅲ. 세 번째 부문인 기질상의 거룩하게 됨을 열어 줌.

A. 거듭난 후 자라고 있는 믿는 이들은 성령에 의해 그리스도의 부활 생명의 요소로 그들의 기질이 거룩하게 될 필요가 있다(롬 15:16). 믿는 이들은 주님의 먹이심을 통해 그 요소를 받아들임으로써, 특이함으로 가득한 그들의 구부러지고 비뚤어진 타고난 기질이 하나님의 신성하고 거룩한 본성으로 거룩하게 되어(벧후 1:4) 하나님 앞에 거룩하게 된다(엡 1:4).

B. 성령에 의한 이러한 기질상의 거룩하게 됨은 우리 전 존재가 완전히 하나님께 거룩하게 되도록 우리의 영에서 시작하여 우리의 혼을 거쳐 우리의 몸에까지 이른다 — 살전 5:23.

Ⅳ. 네 번째 부문인 새롭게 됨을 열어 줌.

A. 주님은 기질상의 거룩하게 하심과 더불어 그분의 영으로 우리를 새롭게 하신다 — 딛 3:5.

B. 새롭게 하시는 영은 우리의 거듭난 영과 연합하시어 연합된 한 영이 되셨고, 우리의 생각 안으로 퍼져 나가셔서 우리로 하여금 우리의 옛사람을 벗어 버리게 하시고 곧 우리의 옛 자아를 버리고 부인하게 하시고(마 16:24), 또한 새사람을 입게 하심으로써 곧 그리스도께서 새사람을 창조하실 때 성취하신 것을 적용하고(엡 2:15) 예수 그리스도의 영의 넘치는 공급을 통해

그리스도를 살고 확대하게 하심으로써(빌 1:19-21), 새사람의 한 지체인 우리 전 존재를 새롭게 하신다 — 엡 4:22-24.

C. 주님은 우리의 속사람이 매일 새로워지도록 환경에서 오는 고난들을 사용하시어 우리의 겉사람을 소모시키고 죽이신다 — 고후 4:16.

D. 우리 믿는 이들은 모두 새 예루살렘을 완결하는 부분이 될 것이므로, 우리는 새 예루살렘만큼 새롭도록 새롭게 되어야 한다 — 계 21:2.

V. 다섯 번째 부문인 변화를 열어 줌.

A. 변화는 우리의 생각이 새로워짐으로써 일어난다(롬 12:2). 변화는 어떤 외적인 교정이나 조정이 아니라, 그리스도의 신성한 생명의 요소가 우리 존재 안에 더해져 외적으로 그리스도의 형상을 표현하게 하는 내적인 신진대사이다. 그러므로 우리를 그리스도의 영광의 형상으로 변화시켜 주는 것은 주 영(공기 같은 영이신 그리스도)에 의해 이루어진다 — 고후 3:18.

B. 우리는 그리스도의 신성한 생명이 우리를 규제하여 영광 안에 계신 주님의 형상으로 변화시키도록 그 영에 의해 살고 행해야 하며(갈 5:16, 25) 연합된 영을 따라 행해야 한다(롬 8:4상).

VI. 여섯 번째 부문인 건축을 열어 줌.

A. 고린도전서 3장 9절과 12절은 우리가 하나님의 건축물이라는 것과 우리가 (타고난 사람의 본성을 상징하는) 나무나 (타락한 사람이나 육체의 사람을 상징하는) 풀이나 (땅에 속한 근원에서 비롯된 일과 생활을 상징하는) 짚으로 건축하지 않고, (아버지 하나님의 금과 같은 본성을 상징하는) 금과 (아들 하나님의 구속의 일을 상징하는) 은과 (영 하나님의 변화시키는 일을 상징하는) 보석으로 건축해야 함을 우리에게 계시한다. 이것은 우리가 참여하고 있는 하나님의 건축하는 일을, 우리의 본성이나 육체나 땅에 속한 근원에서 나온 것들로 하지 않고 반

드시 금이나 은이나 보석과 같은 변화된 것들로 해야 함을 가리킨다.

B. 하나님의 건축, 곧 그리스도의 몸인 교회의 건축이 그 영의 변화시키심에 의해 일어난다는 것은 새 예루살렘의 벽옥 성벽과 그 기초석들로 분명히 상징되어 있다(계 21:18-20). 벽옥은 변화된 보석이고, 새 예루살렘성 벽이 하나의 큰 벽옥과 같이 보인다는 것은 돌들이 변화되는 동안 함께 건축되었음을 가리킨다. 그러므로 건축과 변화는 변화시키시고 건축하시는 동일한 영에 의해 일어난다.

C. 바울의 글은 하나님의 거처, 곧 그리스도의 몸인 교회가 하나님의 영께서 내주하시는 우리의 영 안에 있음을 밝혀 준다 — 엡 2:22, 롬 8:11.

D. 하나님의 영께서 그리스도가 계시는(딤후 4:22) 우리의 속사람(우리의 거듭난 영)을 강하게 하시는 것을 통해, 그리스도는 우리의 마음에 그분의 거처를 정하심으로(그분의 집을 건축하심으로) 우리를 하나님의 충만(표현)에 이르게 하신다 — 엡 3:16-19.

E. 하나님의 영께서 그리스도를 사랑하는 이 안에 거하신다는 사실(요 14:17)에 근거하여, 아버지 하나님과 아들께서 그리스도를 사랑하는 이에게 오셔서 그와 함께 서로 거처를 정하신다(23절).

기도: 주님, 당신께서 그 영이 되시고 심지어 생명 주시는 영과 일곱 배로 강화되신 영이 되신 것이 어떠한 긍휼이며 어떠한 은혜인지를 우리는 결코 잊을 수 없습니다. 주님, 당신은 우리를 위해 사람의 영을 창조하셨고, 당신의 유기적인 구원 안에서 첫 번째로 하신 일은 우리의 영을 거듭나게 하신 것입니다. 결국 당신은 그러한 영이신 당신 자신을 우리의 영 안에 넣으셨고, 우리의 영과 연합하셔서 우리를 당신과 한 영이 되게 하셨습니다. 오, 주님과 합하는 사람은 주님과 한 영입니다! 우리는 이 모든 것을 잊을 수 없습니다. 우리는 이것으로 인해 당신께 경배드립니다. 우리가 주님과 한 영이 된 사실을 우리에게 새겨 주시고 항상 상기시켜 주십시오. 우리가 당신의 영과 함께하는 우리의 영 안에서 살고 있습니까? 우리가 당신의 영과 함께하는 우리의 영 안에서 움직이고 있습니까? 주님, 우리가 당신의 영과 함께하는 우리의 영 안에서 당신과 교통하고 있습니까? 주님, 항상 우리에게 상기시켜 주십시오. 주님, 우리가 전진된 이상을 받을 수 있도록 우리에게 말씀해 주십시오. 아멘.

이번 장에서 우리는 하나님의 유기적인 구원의 항목들을 단순히 반복하기를 원하지 않는다. 그보다 우리는 하나님의 유기적인 구원의 열쇠가 우리의 영과 함께하시는 그 영 자신이라는 것을 보기 원한다. 우리는 로마서 8장 16절에 그러한 놀라운 말씀이 있다는 것을 잊지 말아야 한다. 심지어 우리가 새 예루살렘 안으로 들어간 후에도 그곳에서 "직접 우리의 영과 함께하시는 그 영"이라고 말하는 표어를 보고 싶다. 직접 우리의 영과 함께하시는 그 영은 한 가지 일을 하고 계신다. 즉 우리가 하나님의 자녀인 것을 증언하신다. 단순히 '하나님의 백성'이라고 말하는 것은 그다지 큰 의미를 갖지 않지만, '하나님의 자녀'라고 말하는 것은 아주 중요한 의미를 갖는다.

그 영은 증언하시는 분이시다. 이 영은 생명의 영, 생명을 주시는 영,

그리스도의 영이시다. 이 영은 또한 공기 같은 영이신 그리스도이시고 내주하시는 영이시다. 우리의 영은 하나님에 의해 창조되었지만 타락으로 말미암아 죽게 되었다. 그러나 나중에 하나님에 의해 우리의 영이 거듭나게 되었다. 우리의 영이 거듭난 후에도 거듭나게 하시는 영은 우리의 거듭난 영 안에 머무시며 그분 자신을 우리의 영과 연합하시어 이 둘을 하나가 되게 하신다. 고린도전서 6장 17절은 "주님과 합하는 사람은 주님과 한 영입니다."라고 말한다.

우리는 하나님-사람일 뿐 아니라 하나님과 하나이고 하나님과 한 영이다. 사람의 영과 신성한 영은 연결되고 연합되었을 뿐 아니라 한 영이다. 그 영은 생명이시고 생명을 주시는 분이시다. 하나님은 그 영이시다. 그분의 놀라운 유기적인 구원 안에서 그분은 우리를 그분과 한 영이 되게 하셨다. 이것은 고린도전서 6장 17절에 있는 단순한 말씀이지만, 나는 최소한 삼십 년 동안 성경을 연구한 후에야 비로소 이 진리를 보았다. 어느 날 나는 내가 하나님과 한 영이라는 것을 깨달았다. 이것은 작은 일이 아니다. 유감스럽게도 주님의 회복 안에서 심지어 많은 장로들과 동역자들까지도 그들의 참된 신분을 알지 못한다. 우리의 참된 신분은 우리가 하나님과 한 영이라는 것이다. 우리는 그렇게 높은 수준에 이르도록 구원받았다. 하나님의 어떠하심이 곧 우리의 어떠함이다.

우리가 우리의 신분을 깨달을 때 그것은 우리의 삶에 영향을 줄 것이다. 다른 사람과 농담하는 방식으로 말할 때 나는 무게 없이 그렇게 느슨하고 가벼운 것에 대해 내적으로 책망을 받는다. 나는 나의 신분을 상기하고 주님께 자백한다. 나의 신성한 신분으로 인해 나는 감히 느슨하거나 가벼울 수 없다. 나는 감히 농담할 수 없다. 심지어 나의 손자들과도 감히 가볍게 말하지 않는다. 왜냐하면 나는 단순히 그들의 할아버지가 아니기 때문이다. 나는 하나님과 동일한 신분을 가진 할아버지이다.

고린도전서 6장 17절에 따르면, 하나님께서 그분의 유기적인 구원 안에서 갖고 계신 의도는 믿는 이들의 영을 그분의 영과 합하여 한 영 곧 연합된 영이 되게 하시는 것이다. 결국 이 영은 단순히 연합된 영이 아닌 하나님과 한 영이 된 영이며, 신격에서는 아니지만 생명과 본성에서 하나님과 동일하다. 이것이 하나님의 유기적인 구원의 여덟 부문을 열어 주는 열쇠이다. 만일 우리가 이러한 열쇠를 가지고 있지 않다면 그 문은 닫혀 있을 것이다. 우리가 이 열쇠를 가질 때 그 문은 열리고, 우리는 그 안에 감추어진 모든 것을 볼 수 있다.

첫 번째 부문인 거듭남을 열어 줌

실재의 영께서
죄인들을 책망하시기 위해 오심

실재의 영께서 죄에 대하여, 의에 대하여, 심판에 대하여 죄인들을 책망하시기 위해 오셨다(요 16:8-11). 죄는 아담과 관련된다. 아담은 죄의 근원이다. 의는 그리스도와 관련된다. 그리스도는 우리의 의이시다. 심판은 사탄에 대한 심판임에 틀림없다. 여기에 죄의 근원인 아담, 의의 근원이신 그리스도, 심판을 받아야 하는 사탄이 있다. 온 우주 가운데서 하나님은 다른 누군가를 탓하지 않으시고 오직 사탄을 탓하신다. 오늘날 온 우주는 사탄인 한 천사장에게서 비롯된 반역으로 가득 차 있다. 그러므로 심판은 그가 받아야 한다. 죄는 아담에게서 왔고, 의는 그리스도로부터 주어졌으며, 심판은 사탄에게 간다. 실재의 영은 이러한 것들에 대해 우리를 책망하시기 위해 오셨고, 우리를 타락한 상태에서 회개하고 그리스도의 죽음과 장사됨 안으로 들어가게 하신다(마 3:2, 5-6). 이러한 책망은 우리를 그리스도의 죽음과 부활로 이끌고, 그분을 영접하여 거듭나도록 이끈다.

실재의 영께서 회개한 믿는 이들을 발아시키심

먼저, 우리는 아담에게서 죄 가운데 태어났고 우리의 의이신 그리스도를 취해야 한다는 면에서 책망받는다. 만일 그렇게 하지 않는다면 우리는 사탄과 함께 심판을 받게 될 것이다. 이러한 책망은 우리를 그리스도의 죽음과 부활 안으로 이끈다. 이때 실재의 영께서 회개한 믿는 이들인 우리를 그리스도의 부활 생명으로 발아시키심으로써 우리의 영 안에서 우리를 새로 나게 하셔서 거듭나게 하신다(벧전 1:3, 요 3:3, 5). 우리는 여기서 두 영에 주의를 기울여야 한다. 그 영은 우리의 영을 발아시키신다. 이것이 우리가 거듭남을 이해하기 위한 열쇠이다.

그 영으로 난 것은 영임

"(하나님의) 영으로 난 것은 (사람의) 영입니다."(요 3:6) 그 영으로 난 것은 영이다.

그 영께서 우리의 영과 함께 증언하심

즉시 하나님의 영은 거듭난 믿는 이들의 영과 함께 그들이 하나님의 (영적인) 자녀인 것을 증언하신다(롬 8:16). 하나님의 자녀는 신성하고 영적이다. 우리는 그들이 비밀스럽다고 말하지 말아야 한다. 왜냐하면 그들이 하나님의 자녀인 것이 매우 분명하고 명백하기 때문이다.

두 번째 부문인 먹이심을 열어 줌

영적인 말씀의 젖을 먹이심

주님은 갓난아기들 같은 거듭난 믿는 이들에게 영과 생명(요 6:63)인 (영적인) 말씀의 젖을 먹이셔서, 그들을 매일의 구원에 이르도록 그분의 생명 안에서 자라게 하시기를 원하신다(벧전 2:2). 하나님의 유기적인 구원의 첫 번째 단계는 거듭남이다. 거듭난 후 새로 태어난 아기들은 거룩한 말씀의 젖을 먹는 것이 필요하다. 거룩한 말씀은 그 영이다. 그러므로 젖은 영적인 젖이다. 이러한 먹이심은 그들을 매일의 구원에 이르도록 그분의 생명 안에서 자라게 한다. 매일 우리는 구원이 필요하다. 이것은 우리의 태도와 목소리의 어조와 우리의 영이 그다지 옳지 않기 때문이다. 심지어 다른 사람을 쳐다보는 방식도 옳지 않다. 우리는 많은 것에서 조정되고 구원받아야 한다. 우리는 그러한 구원에 이르도록 자라야 할 필요가 있다. '-에 이르도록(unto)'이라는 말은 '-라는 결과를 가져오도록' 혹은 '-을 위해'라는 의미를 갖는다. 우리는 구원을 위해 자라야 하고 구원이라는 결과를 가져오도록 자라야 한다. 만약 자람이 없다면 우리는 우리에게 필요한 구원을 누릴 수 없다.

말씀의 단단한 음식을 먹음

거듭난 믿는 이들은 신성한 생명 안에서 자라는 동안 젖뿐 아니라 단단한 음식도 먹어야 하는데, 그 길은 그들의 영을 사용하여 하나님의 말씀의 영을 접촉함으로써 생명의 공급을 얻는 것이다(히 5:13-14, 마 4:4하). 우리가 생명 공급을 받는 것은 생명의 성숙에 이르기 위한 것이다. 심지어 먹임의 부문에도 그 영과 우리의 영, 둘 다가 관련된다.

세 번째 부문인
기질상의 거룩하게 됨을 열어 줌

성령 안에서

하나님께서 우리를 거룩하게 하심에는 세 방면이 있다. 첫째 방면은 초기에 그분께서 성령에 의해 비추는 말씀으로 그분의 선택받은 이들을 찾으시는 거룩하게 하심이다(벧전 1:2, 눅 15:8). 둘째 방면은 법리적으로 그리스도의 구속하는 피에 의한 위치상의 거룩하게 하심이다(히 13:12, 10:29). 셋째 방면은 유기적으로 성령에 의한 기질상의 거룩하게 하심이다(롬 15:16, 6:19, 22). 처음 두 방면은 이전에 이미 다루었다. 이번 장에서 다룰 것은 셋째 방면이다. 로마서 15장 16절은 그리스도 안에 있는 믿는 이들, 특히 세속적인 이방인 믿는 이들이 하나님께서 받으실 수 있도록 성령 안에서 거룩하게 된다는 것을 보여 준다. 거듭난 후 자라고 있는 모든 믿는 이들은 그리스도의 부활 생명의 요소로 그들의 기질이 거룩하게 될 필요가 있다(롬 15:16). 믿는 이들은 주님의 먹이심을 통해 그 요소를 받아들임으로써 하나님의 거룩한 본성으로 거룩하게 되어(벧후 1:4) 하나님 앞에 거룩하게 된다(엡 1:4). 로마서 6장 19절과 22절에서 언급된 거룩하게 됨은 이러한 거룩하게 됨을 가리킨다. 우리의 타락한 본성은 꼬이고 구부러지고 비뚤어진 타락한 기질이 되었다. 이것은 특별히 하나님의 거룩하게 하심 안에서 그분의 거룩한 본성으로 조정되고 곧게 될 필요가 있다.

우리의 영에서 시작하여
우리의 혼을 거쳐 우리의 몸에까지 이름

성령에 의한 기질상의 유기적인 거룩하게 됨은 우리의 전 존재가 완전히 거룩하게 되도록 우리의 영에서 시작하여 우리의 혼을 거쳐 우리의 몸에까지 이른다. 데살로니가전서 5장 23절은 성령의 거룩하게 하심은 (우리의 혼이나 몸에서가 아니라) 우리의 영에서 시작하여 우리의 혼을 거쳐 우리의 몸에까지 이르러, 우리 전 존재가 완전히 하나님께 거룩하게 된다고 말한다.

네 번째 부문인 새롭게 됨을 열어 줌

성령의 새롭게 하심

주님은 기질상의 거룩하게 하심과 더불어 그분의 영으로 우리를 새롭게 하신다(딛 3:5).

우리의 생각의 영 안에서 새롭게 됨

새롭게 하시는 영은 우리의 거듭난 영과 연합하시어 연합된 한 영이 되셨고, 우리의 생각 안으로 퍼져 나가셔서(엡 4:23) 우리로 하여금 우리의 옛사람을 벗어 버리게 하시고(22절) 곧 우리의 옛 자아를 버리고 부인하게 하시고(마 16:24), 또한 새사람을 입게 하심으로써(엡 4:24) 곧 그리스도께서 새사람을 창조하실 때 성취하신 것을 적용하게 하심으로써 (2:15) 새사람의 한 지체인 우리 전 존재를 새롭게 하신다.

에베소서 4장 23절은 우리가 우리의 생각의 영 안에서 새롭게 된다고 말한다. 옛사람을 벗고 새사람을 입는 것은 우리의 생각의 영 안에서 새롭게 됨으로써 이루어진다. 우리 안에 내주하시고 우리의 영과 연합되신 성령께서 우리의 생각 안으로 퍼져 나가실 때, 그 연합된 영은 우리의 생각 안에 있는 영이 된다. 바로 이 연합된 영에 의해 우리의 생각이 새롭게 되는 것이다.

우리는 십자가에서 그리스도에 의해 새사람이 되었다. 에베소서 2장 15절은 그리스도께서 십자가에서 유대인과 이방인, 이 둘을 한 새사람으로 창조하셨다고 말한다. 그리스도는 이미 새사람을 창조하셨지만, 우리는 그 새사람을 적용해야 한다. 우리는 새롭게 하시는 영께서 우리의 영과 연합하시고 우리의 생각 안으로 퍼져 나가셔서 우리의 생각을 새롭게 하시게 함으로써 옛사람을 벗고 새사람을 입어야 한다. 이것이 우리의 생각을 바꾸는 것이다.

마태복음 16장 24절에서 주님은, 우리가 그분을 따라가기 원한다면 우리 자신을 부인하고 우리의 십자가를 지는 것이 필요하다고 말씀하셨다. 자신을 부인하는 것은 우리 자신을 버리는 것이며 우리 자신에게 십자가를 적용하는 것이다. 이것이 옛사람을 벗는 것이다. 새사람을 입는 것은 예수 그리스도의 영의 넘치는 공급을 통해 그리스도를 살고 확대하는 것이다(빌 1:19-21). 새롭게 되는 것은 전적으로 그 영과 우리의 거듭난 영과 관련되며, 이 두 영은 한 영이 되었다. 이러한 한 영은 우리의 생각 안에서 새롭게 하는 영이 되어 우리의 생각을 바꾼다.

우리의 겉사람을 소모시킴

주님은 우리의 속사람이 매일 새로워지도록 환경에서 오는 고난들을 사용하시어 우리의 겉사람을 소모시키고 죽이신다. 고린도후서 4장 16절은 "그러므로 우리는 낙심하지 않습니다. 우리의 겉사람은 썩어 가고(혹은 소모되고) 있지만, 우리의 속사람은 나날이 새로워지고 있습니다."라고 말한다. 우리의 겉사람이 소모되고 죽음당해야만, 새롭게 된 혼을 기관으로 하고 거듭난 영을 인격으로 하는 새사람이 매일 새로워질 수 있다. 이러한 새롭게 됨은 하나님께서 우리의 매일의 환경 안에서 일어나는 모든 상황에서 일하심으로써 이루어진다. 매일 우리는 사방에서 고통을 받는다. 이러한 고통은 아내나 자녀들이나 혹은 동역자들로부터 올 수 있다. 이러한 고통은 우리의 속사람이 부활 생명의 공급으로 새롭게 될 수 있도록 우리의 겉사람 곧 우리의 타고난 사람을 소모시킨다.

새 예루살렘만큼 새롭게 됨

우리 믿는 이들은 모두 새 예루살렘을 완결하는 부분이 될 것이므로, 우리는 새 예루살렘만큼 새롭도록 새롭게 되어야 한다(계 21:2). 새 예루살렘은 첫째, 거룩한 성이라고 불린다. 따라서 우리는 거룩하게 되어야 한다. 게다가 '새' 예루살렘으로 불리기 때문에 우리는 새롭게 되어야 한다. 만일 새롭게 되지 않는다면 우리는 새 예루살렘 안에 있을 자격이 없다. 우리는 새 예루살렘만큼 새롭게 되어야 한다.

다섯 번째 부문인 변화를 열어 줌

우리의 생각이 새로워짐으로써 변화됨

변화는 우리의 생각이 새로워짐으로써 일어난다. 변화는 새롭게 됨의 결과이다. 로마서 12장 2절은 우리가 생각이 새로워짐으로써 변화된다고 말한다. 우리의 생각이 새롭게 될 때 우리는 변화된다. 변화는 어떤 외적인 교정이나 조정이 아니라, 그리스도의 신성한 생명의 요소가 우리 존재 안에 더해져 외적으로 그리스도의 형상을 표현하게 하는 내적인 신진대사이다. 우리가 음식물을 소화하고 동화하는 것은 새로운 요소는 받아들이고 옛 요소는 버리는 신진대사의 한 종류이다. 우리의 영 안에 그리스도의 생명 요소가 더해졌기 때문에 무언가를 산출하는 신진대사가 일어나 외적으로 그리스도의 형상을 표현하게 한다. 만일 어떤 사람이 며칠 동안 먹지 않는다면 그의 얼굴은 창백해질 것이다. 얼굴에 혈색이 돌게 하려면 규칙적으로 잘 먹어야 한다. 그럴 때 그의 얼굴은 건강하고 혈색이 돌 것이다. 이것은 표현을 위한 것이다. 오늘날 영적인 변화도 동일하다. 우리는 우리의 영적인 음식이신 그리스도를 먹음으로써 우리 안에 그리스도의 생명 요소가 더해지게 해야 한다. 그때 그리스도의 생명의 새로운 요소를 더함으로써 낡은 요소를 배출하는 신진대사가 일어날 것이다. 그런 후에 이 생명 요소는 밖으로 표현되어 그리스도의 형상이 될 것이다. 이러한 변화 즉 신진대사는 주 영(공기 같은 영이신 그리스도)에 의해 이루어지며, 우리를 그리스도의 영광의 형상으로 변화시킨다(고후 3:18). 주님은 지금 그 영이 되셨으며, 주 영은 변화시키시는 영이시다.

그 영에 의해 살고 행함

우리는 그리스도의 신성한 생명이 우리를 규제하여 영광 안에 계신 주님의 형상으로 변화시키도록 그 영에 의해 살고 행해야 하며(갈 5:16, 25) 연합된 영을 따라 행해야 한다(롬 8:4상). 그 영은 우리 안에서 신성한 신진대사를 일으키실 뿐 아니라 우리를 규제하신다. 그 영은 우리의 행함을 규제하시고, 이것은 또한 우리 안에 변화를 일으킨다. 안에는 신진대사가 있고, 밖에는 규제가 있다.

여섯 번째 부문인 건축을 열어 줌

금과 은과 귀한 보석으로 건축함

고린도전서 3장 9절과 12절은 우리가 하나님의 건축물이라는 것과 우리가 (타고난 사람의 본성을 상징하는) 나무나 (타락한 사람이나 육체의 사람을 상징하는) 풀이나 (땅에 속한 근원에서 비롯된 일과 생활을 상징하는) 짚으로 건축하지 않고, (아버지 하나님의 금과 같은 본성을 상징하는) 금과 (아들 하나님의 구속의 일을 상징하는) 은과 (영 하나님의 변화시키는 일을 상징하는) 보석으로 건축해야 함을 우리에게 계시한다. 이것은 우리가 참여하고 있는 하나님의 건축하는 일을, 우리의 본성이나 육체나 땅에 속한 근원에서 나온 것들로 하지 않고 반드시 금이나 은이나 보석과 같은 변화된 것들로 해야 함을 가리킨다.

새 예루살렘의 벽옥 성벽과 그 기초석들로 상징됨

하나님의 건축, 곧 그리스도의 몸인 교회의 건축이 그 영의 변화시키심에 의해 일어난다는 것은 새 예루살렘의 벽옥 성벽과 그 기초석들로 분명히 상징되어 있다(계 21:18-20). 벽옥은 변화된 보석이고, 새 예루살렘 성 벽이 하나의 큰 벽옥과 같이 보인다는 것은 돌들이 변화되는 동안 함께 건축되었음을 가리킨다. 그러므로 건축과 변화는 변화시키시고 건축하시는 동일한 영에 의해 일어난다. 건축하시는 영은 바로 변화시키시는 영이시다. 이 둘은 서로 연결되어 있다. 변화가 있는 곳에 건축이 있다. 오늘날 교회 안에서도 동일하다. 변화가 없으면 건축도 없다. 동역은 건축이 아니다. 건축은 변화시키는 생명에 의한 것이다. 우리가 변화될 때 다른 사람들과 함께 건축된다. 많은 형제들이 함께 일한다고 가정해 보자. 각각의 형제의 특이한 성질이 나올 때, 그들이 하나의 건축물로 함께 자라는 것은 말할 것도 없고 동역하는 것도 어렵다. 그 형제들은 오직 변화에 의해서만 건축될 수 있다. 그들은 변화를 통해 함께 자란다. 변화는 생명의 성장을 산출하고, 이러한 성장이 그들을 함께 건축한다. 이것이 오늘날 교회의 참된 건축이다. 참된 건축은 단지 동역하는 것만이 아니다. 우리가 변화되지 않는다면 조만간 우리의 동역은 깨질 것이다. 아마 어떤 형제는 다른 형제의 특이하고 강한 성질 때문에 그와 함께할 수 없다고 느낄 것이다. 그 형제는 무엇을 해야 하는가? 그는 십자가로 가서 그 다른 형제가 따를 수 있는 본이 되어야 한다. 얼마의 시간이 지난 후에 그들 두 사람은 변화되기 위해 어떻게 십자가로 제해지는지를 배우게 될 것이다. 그럴 때 그들은 동역에 대해 걱정할 필요가 없을 것이다. 왜냐하면 그들은 함께 자랄 것이기 때문이다. 우리 신체의 지체들은 다만 동역하는 것이 아니다. 그것들은 몸 안에 있는 혈액 순환에 의해 함께 자라고 있는 것이다.

우리의 영 안에 있는 하나님의 거처

바울의 글은 하나님의 거처, 곧 그리스도의 몸인 교회가 하나님의 영께서 내주하시는 우리의 영 안에 있음을 밝혀 준다(엡 2:22, 롬 8:11). 이것은 교회의 건축이 전적으로 두 영, 즉 신성한 영과 우리 사람의 영과 관련 있음을 보여 준다. 신성한 영은 거주자이시고 우리의 영은 거주하는 장소이다. 우리가 하나님의 거처로 건축되는 것은 전적으로 두 영과 관련된다.

그리스도께서 우리의 마음에 그분의 집을 건축하심

하나님의 영께서 그리스도가 계시는(딤후 4:22) 우리의 속사람(우리의 거듭난 영)을 강하게 하시는 것을 통해, 그리스도는 우리의 마음에 그분의 거처를 정하심으로(그분의 집을 건축하심으로) 우리를 하나님의 충만(표현)에 이르게 하신다(엡 3:16-19). 에베소서 3장은 오늘날 그리스도께서 우리의 마음에 그분의 거처를 정하고 계신다고 말한다. 거처를 정하는 것은 건축하는 것이다. 이것은 먼저 그분의 영을 통하여 능력으로 우리를 속사람에 이르도록 강하게 하심으로써 일어난다. 그런 후 그리스도는 우리가 삼일 하나님의 표현을 위한 삼일 하나님의 충만에 이르도록 채워질 수 있게 우리의 마음에 그분의 집을 건축하실 길을 얻으신다.

아버지 하나님과 아들께서 그리스도를 사랑하는 이에게 오셔서 그와 함께 서로 거처를 정하심

하나님의 영께서 그리스도를 사랑하는 이 안에 거하신다는 사실(요 14:17)에 근거하여, 아버지 하나님과 아들께서 그리스도를 사랑하는 이에게 오셔서 그와 함께 서로 거처를 정하신다(23절). 요한복음 14장 23절은 누구든지 아들을 사랑하면 아버지와 아들께서 그에게 가셔서 그와 함께

서로 거처를 정하실 것이라고 말한다. 이것은 삼일 하나님과 믿는 이를 위한 상호 거처를 만드는 것을 의미한다. 이 내주하시는 영은 17절에서 언급된다. 이 사실에 근거하여 아버지와 아들은 우리와 함께 서로 거처를 정하시기 위해 오신다. 이것이 건축이다. 2절에서 주님은 그분의 아버지의 집에는 거할 곳이 많다고 말씀하셨다. 23절은 어떻게 이 많은 거할 곳들이 건축되는지를 말해 준다. 그 영께서 우리 안에 사시는 것을 기초로 하여, 아버지와 아들은 우리에게 오셔서 우리와 함께 서로 거처를 정하신다. 이 모든 절들은 매우 비밀스럽다.

하나님의 유기적인 구원은 가장 먼저 우리의 생명을 다룬다. 즉 하나님은 우리의 거듭남을 통해 그분 자신을 우리 영 안에 넣으심으로써 우리의 생명이 되신다. 지금 우리의 생명에는 더해진 것이 있다. 과거에 우리는 단지 사람의 생명만 가지고 있었다. 그러나 거듭남을 통해 우리는 우리의 옛 생명에 더해진 또 다른 생명을 갖기 시작했다. 이 또 다른 생명은 바로 하나님의 생명이다. 이것은 교환이 아니라 또 다른 생명이 더해진 것이다. 그런 다음 우리의 본성은 하나님의 본성으로 거룩하게 되고, 우리의 생각은 연합된 영을 통해 안에 하나님의 생각을 가짐으로써 바뀐다. 이것은 우리의 전 존재가 변화되는 것을 의미한다.

5

직접 우리의 영과 함께하시는 그 영 — 하나님의 유기적인 구원의 여덟 부문을 여는 열쇠(2)

"The Spirit Himself with Our Spirit"—
the Key to Open the Eight Sections
of the Organic Salvation of God (2)

제5장

직접 우리의 영과 함께하시는 그 영 — 하나님의 유기적인 구원의 여덟 부문을 여는 열쇠 (2)

개요

Ⅶ. 일곱 번째 부문인 같은 형상을 이룸을 열어 줌.

A. 같은 형상을 이룸은 변화의 완결이다. 변화는 우리를 그리스도의 영광스러운 형상으로 변화시키는(고후 3:18) 점진적인 일이며, 이 일에는 완결이 필요하다. 이 완결이 같은 형상을 이룸, 곧 변화된 믿는 이들을 하나님의 맏아들인 첫 번째 하나님-사람의 형상과 같은 형상을 이루게 하는 것이다 — 롬 8:29.

B. 이러한 같은 형상을 이룸은 과정을 거치신 삼일 하나님—아들 안에 체현되신 아버지와 그 영으로 실재화되신 아들—의 충분한 성장이다. 즉 그리스도 안에 있는 신성한 생명이 충분히 성장하는 것이다(골 1:28). 이 신성한 생명은 성숙에 이르도록 믿는 이들 안에서 자란다.

C. 이는 또한 그리스도의 충만의 신장의 분량에 이른 충분히 성장한 사람이 되는 것이다 — 엡 4:13.

Ⅷ. 여덟 번째 부문인 영광스럽게 됨을 열어 줌.

A. 영광스럽게 됨은 같은 형상을 이룬 믿는 이들을 하나님의 영광

안으로 이끄는, 그리스도 안에 있는 하나님의 유기적인 구원의 마지막 단계이다 — 롬 8:18, 21, 히 2:10, 벧전 5:10.

B. 이러한 영광스럽게 됨은 믿는 이들이 구원받았을 때 성령으로 도장이 찍혀서 적셔지는 것과 같이 속에서부터 하나님의 영광으로 적셔지는 것이다 — 엡 1:13, 4:30.

C. 이러한 영광스럽게 됨은 우리의 비천한 몸이 그분의 영광의 몸과 같은 형상이 되도록 변형되는 것이다(빌 3:21). 그러므로 이것은 믿는 이들의 몸의 구속이라고 불린다 — 엡 4:30, 롬 8:23.

D. 이러한 영광스럽게 됨, 곧 우리 몸의 구속은 우리의 아들의 자격에 대한 충만한 누림이다 — 롬 8:23.

Ⅸ. 일곱 배로 강화된 하나님의 유기적인 구원의 추가적인 부문을 열어 줌.

주(註) — 그리스도의 사역의 세 부문.

1. 첫 번째 부문인 그리스도의 땅에서의 사역은, 그분께서 육체 안에 계신 그리스도로서, 육체 되심부터 죽으실 때까지 삼십삼 년 반의 인생 동안 물질적인 영역 안에서 법리적으로 성취하신 것이다.

2. 두 번째 부문인 그리스도의 하늘에서의 사역은, 그분께서 생명 주시는 영이신 그리스도로서, 그분의 부활부터 천년왕국의 끝까지 교회 시대와 왕국 시대 동안 비밀스러운 영역 안에서 유기적으로 수행하시는 것이다.

3. 세 번째 부문인 그리스도의 일곱 배로 강화된 하늘에서의 사역은, 일곱 배로 강화되신 그분께서 일곱 배로 강화되신 생명 주시는 영이신 그리스도로서, 교회 하락의 시기부터 새 하늘과 새 땅이 도래할 때까지 비밀스러운 영역 안에서 유기적으로 수행하시는 것이다.

A. 다음과 같은 것들을 하시기 위해.

1. 그분은 에베소에 있는 교회 안의 믿는 이들을 형식적인 교회

생활에서 구원하신다. 그들은 주님에 대한 첫째가는 사랑과 등잔대의 빛을 비추는 역량과 생명이신 그리스도에 대한 누림을 이미 잃어버렸다. 그분께서 이렇게 구원하시는 것은 그들을 이기는 이들이 되게 하셔서, 하나님의 낙원, 곧 왕국 시대의 새 예루살렘에 있는 생명나무를 먹는 보상을 받게 하시려는 것이다 — 계 2:1-7.

2. 그분은 서머나에 있는 교회 안의 고난당하는 믿는 이들을 강화하시어 순교당함으로써 박해를 이기게 하시는데, 이것은 그들이 왕국 시대 동안 둘째 죽음을 맛보지 않는 보상을 받게 하시려는 것이다 — 계 2:8-11.

3. 그분은 버가모에 있는 교회 안의 믿는 이들을 세상과의 연합과 발람의 가르침과 니골라당의 가르침으로부터 거룩하게 하심으로 이기는 이들이 되게 하시는데, 이것은 그들이 왕국 시대에 감추어진 만나를 먹고 새 이름이 적혀 있는 흰 돌을 받는 보상을 얻게 하시려는 것이다 — 계 2:12-17.

4. 그분은 두아디라에 있는 교회 안의 믿는 이들을 우상숭배와 음행과 귀신적인 가르침들과 사탄의 깊은 것들에서 구출하셔서 이기는 이들이 되게 하시는데, 이것은 그들이 왕국 시대에 민족들을 다스리는 권위를 보상으로 받게 하시려는 것이다 — 계 2:18-29.

5. 그분은 사데에 있는 교회 안의 믿는 이들을 그들의 죽어 있고 죽어 가는 상태에서 소생시키셔서 이기는 이들이 되게 하시는데, 이것은 그들이 왕국 시대에 흰옷을 입고 주님과 함께 다니며, 생명책에서 그들의 이름이 지워지지 않고, 주님께서 아버지와 아버지의 천사들 앞에서 그들을 시인하시는 보상을 받도록 하시려는 것이다 — 계 3:1-6.

6. 그분은 빌라델비아에 있는 교회 안의 믿는 이들에게 그들이 가진 것을 굳게 붙잡아 아무도 그들의 면류관을 빼앗지 못하게 하라고 격려하심으로 그들을 이기는 이들이 되게 하시는데, 이것은 그들이 왕국 시대에 하나님의 성전에 기둥이 될

뿐 아니라, 하나님의 이름과 새 예루살렘의 이름과 주님의 새 이름이 그들 위에 기록되는 보상을 받도록 하시려는 것이다 — 계 3:7-13.

7. 그분은 라오디게아에 있는 교회 안의 믿는 이들을 그들의 미지근함과 그리스도가 없는 상태에서 깨우시면서, 그들이 불에 제련한 금과 흰옷과 안약을 위해 대가를 지불하고 문을 두드리시는 주님께 그들의 문을 열도록 권면하심으로 그들을 이기는 이들이 되게 하시는데, 이것은 그들이 왕국 시대에 주님의 보좌에 앉는 보상을 받게 하시려는 것이다 — 계 3:14-22.

B. 다음과 같은 것들에 의해.

1. 무한하시고, 생명을 해방하시고, 일곱 배로 강화되신 공기 같은 영이신 그리스도(눈이 일곱 영이신 어린양 — 계 5:6)께서 각 서신의 시작에서 일곱 교회 각각에게 말씀하시고, 이 말씀은 각 서신의 끝에서 일곱 배로 강화되시고 모든 것을 포함하신 생명 주시는 영께서 일곱 교회 모두에게 우주적으로 하시는 말씀이 됨으로써 — 계 2:1, 7-8, 11-12, 17-18, 29, 3:1, 6-7, 13-14, 22.
2. 영 안에 사는 이기는 성도들이 참여함으로써 — 계 1:10, 4:2, 17:3, 21:10.

C. 다음과 같은 것들을 위해.

1. 신랑이신 그리스도께서 그분의 선한 기쁨에 따라 그분의 만족을 위해 천년왕국에서 승리에 찬 결혼 잔치를 가지시도록 신부를 완전히 준비하기 위해 — 계 19:7-9.
2. 그리스도께서 인류 가운데서 그분의 최고 원수들인 적그리스도와 그의 거짓 신언자를 패배시키시고 멸망시키시도록 신부 군대를 편성하기 위해 — 계 19:11-21, 17:14.
3. 사탄을 결박하여 천 년 동안 무저갱에 던져 넣기 위해 — 계 20:1-3.

4. 천년왕국이 될, 그리스도와 하나님의 왕국을 가져오기 위해 — 계 20:4-6.

5. 천년왕국에 있을 새 예루살렘의 초기 완결(계 2:7)과, 새 하늘과 새 땅에 있을 새 예루살렘의 완전한 완결을 위해(계 21:2).

D. 마지막 결과는 구속하시는 하나님과 그분의 구속받은 사람 사이의 우주적인 로맨스 안에서, 과정을 거치신 삼일 하나님의 완결이신 최종 완결 되신 영께서 신랑이 되시고 이기는 성도들의 총체는 신부가 되는 것이다. 이것이 성경 전체의 결론이다 — 계 22:17.

기도: 주님, 우리는 당신의 신성한 의도로 인해 당신께 감사드립니다. 당신은 우리를 신격에서는 아니지만 생명과 본성에서 당신과 똑같이 만드시기를 원하십니다. 주님, 당신은 우리의 창조되고 타락하고 구속되고 부활한 인성에 당신의 신성한 생명을 더하셨습니다. 주님, 당신은 우리의 구부러진 기질을 거룩하게 하셔서 우리를 거룩한 본성에서 당신과 똑같이 되게 하셨습니다. 주님, 당신은 우리를 당신처럼 만드시기 위해, 우리 몸이 구속될 때까지 여전히 일하고 계십니다. 결국 우리는 "주님, 당신의 어떠하심이 우리의 어떠함이고, 우리의 어떠함이 당신의 어떠하심입니다."라고 말할 수 있을 것입니다. 유일한 차이는 당신께는 신격이 있으시다는 것뿐입니다. 우리에게 신격이 없는 것으로 인해 당신께 감사드리고 경배드립니다. 당신은 유일한 하나님이십니다. 당신은 과정을 거치시고 완결되신 삼일 하나님이십니다. 우리는 신성을 더한 인성을 가지고 있고, 당신은 인성을 더한 신성을 가지고 계십니다. 하나님께 인성이 있으시다니 얼마나 놀라운 일인지요! 과정을 거치시고 완결되신 삼일 하나님께는 인성이 있습니다. 주님, 우리에게 하늘들을 열어 주십시오. 우리는 주님께서 보시는 것처럼 모든 것들을 보기 위해 하늘에 있기를 원합니다. 우리에게 구변을 주십시오. 이것은 전적으로 비밀한 영역 안에 있는 새로운 문화입니다. 우리는 당신의 언어가 필요합니다. 우리는 당신의 구변이 필요합니다.

일곱 번째 부문인
같은 형상을 이룸을 열어 줌

변화의 완결

같은 형상을 이룸은 변화의 완결이다. 변화는 우리를 그리스도의 영광스러운 형상으로 변화시키는(고후 3:18) 점진적인 일이며, 이 일에는 완결이 필요하다. 우리는 여전히 변화되는 과정 안에 있다. 즉 우리의 변화는 아직 완결되지 않았다. 우리의 변화의 완결은 같은 형상을 이룸, 곧 변화된 믿는 이들을 하나님의 맏아들인 첫 번째 하나님-사람의 형상과 같은 형상을 이루게 하는 것이다(롬 8:29).

우리는 독생자이신 그리스도와 하나님의 맏아들이신 그리스도의 차이를 보아야 한다. 그리스도께서 맏아들이신 것은 많은 아들들이 그분을 따르고 있다는 것을 가리킨다. 그리스도의 부활 안에서 세 가지 큰 항목이 산출되었다. 맏아들이 산출되셨고, 마지막 아담의 변형이신 생명 주시는 영이 산출되셨으며(고전 15:45하), 그분께서 선택하시고 미리 정하신 모든 이들이 거듭나게 되었다(벧전 1:3). 이것은 어떠한 성과인가!

과정을 거치신 삼일 하나님의 충분한 성장

이러한 같은 형상을 이룸은 과정을 거치신 삼일 하나님—아들 안에 체현되신 아버지와 그 영으로 실재화되신 아들—의 충분한 성장이다. 즉 그리스도 안에 있는 신성한 생명이 충분히 성장하는 것이다(골 1:28). 이 신성한 생명은 성숙에 이르도록 믿는 이들 안에서 자란다.

충분히 성장한 사람

같은 형상을 이룸은 또한 그리스도의 충만의 신장의 분량에 이른 충분히 성장한 사람이 되는 것이다(엡 4:13). 그리스도의 충만은 그리스도의 몸이며(엡 1:23), 이 몸에는 신장의 분량이 있다. 그리스도는 모든 것을 포함하시고 모든 것에 미치시며 무한하시다. 그분은 만물 안에서 만물을 충만하게 하시는 분이시다. 이러한 분께서 한 몸을 갖고 계시고, 이 몸은 곧 그분의 표현이다. 이 몸에는 신장이 있고 신장에는 분량이 있다. 무한하신 그리스도의 충만인 그리스도의 몸의 신장을 누가 측량할 수 있겠는가? 그러나 우리가 하나님의 맏아들의 형상과 같은 형상을 이루게 되면, 그리스도를 합당하게 표현하는, 합당한 신장의 합당한 분량에 이른 충분히 성장한 사람이 될 것이다. 몸은 변화를 통해 하나님의 맏아들의 형상과 같은 형상을 이루게 된 모든 믿는 이들의 총체이다. 이것이 바로 그리스도의 충만의 신장의 분량에 이른 충분히 성장한 사람이다. 비록 그러한 분량은 측량할 수 없는 것이지만, 우리는 같은 형상을 이룸을 통해 그러한 분량에 도달할 수 있다.

여덟 번째 부문인
영광스럽게 됨을 열어 줌

하나님의 유기적인 구원의 마지막 단계

영광스럽게 됨은 같은 형상을 이룬 믿는 이들을 하나님의 영광 안으로 이끄는, 그리스도 안에 있는 하나님의 유기적인 구원의 마지막 단계이다(롬 8:18, 21, 히 2:10, 벧전 5:10). 영광 안으로 들어가기를 원한다면 우리는 그리스도의 형상과 같은 형상이 되어야 한다. 우리는 '사 년제 과정'을 마쳐야 한다. 그럴 때 '졸업장'이 수여될 것이다. 영광스럽게 됨은 그리스도인 생활의 전 과정을 졸업하는 것이다. 우리는 많은 그리스도인들이 가진 관념처럼 자동적으로 영광 안에 들어가는 것이 아니다. 영광스럽게 됨은 거듭남으로부터 시작하여, 계속해서 먹임과 기질적인 거룩하게 됨, 새롭게 됨, 변화, 건축, 같은 형상을 이룸 등을 통과하면서 일어나는 점진적인 일의 완결이다. 그럴 때 '졸업장'이 우리에게 주어질 것인데, 이것이 바로 우리의 영광스럽게 됨이다.

믿는 이들의 속에서부터 하나님의 영광으로 적셔짐

이러한 영광스럽게 됨은 믿는 이들이 구원받았을 때 성령으로 도장이 찍혀서 적셔지는 것과 같이 속에서부터 하나님의 영광으로 적셔지는 것이다(엡 1:13, 4:30). 잉크가 듬뿍 묻은 도장을 종이 몇 장에 찍으면 그 도장은 마지막 장까지 적셔지게 할 것이다. 에베소서 4장 30절은 우리가 구속의 날에 이르도록 그 영으로 도장 찍혔다고 말한다. '-에 이르도록'은 '-라는 결과를 가져오도록'이라는 의미이다. 이와 같이 도장 찍으시는 영께서 우리를 적시시는 일은 결국 우리 몸을 구속하는 결과를 가져와 우리를 영광스럽게 할 것이다.

우리 그리스도인의 생활에서 우리는 그 영께 이러한 적시시는 일을 하시도록 얼마나 많은 자유를 드리고 있는가? 우리가 순조롭게 기질적으로 거룩하게 되고, 새롭게 되고, 변화되고, 같은 형상을 이루고 있다는 것은 우리가 영광스럽게 될 때까지 우리 속에서 그분의 적시심이 빠르게 수행되도록 허락해 드리고 있다는 의미이다. 영광 안에 있다는 것에는 두 방면이 있다. 한 면으로, 우리는 영광 안으로 들어갈 것이다. 다른 면으로, 우리의 그리스도인 생애 전체에 걸쳐 도장 찍으시는 영께서 우리를 적시심으로써 이 영광이 우리를 속에서부터 적신다. 우리는 매일매일 그 영의 적시심 아래 있어야 한다. 그럴 때 이러한 내적인 적심을 통해, 곧 우리 속에서부터 하나님의 영광으로 적셔짐을 통해 우리는 영광 안으로 들어갈 것이다.

믿는 아들의 몸의 구속

이러한 영광스럽게 됨은 우리의 비천한 몸이 그분의 영광의 몸과 같은 형상이 되도록 변형되는 것이다(빌 3:21). 그러므로 이것은 믿는 아들의 몸의 구속이라고 불린다(엡 4:30, 롬 8:23). '변화'와 '변형'에 대한 헬라어 단어는 동일하다. 변형되는 것은 변화의 마지막 단계이다. 이것은 우리의 외적인 몸의 형체가 바뀌는 것이다. 오늘날 우리의 몸은 비천한 몸이지만, 또 다른 몸의 또 다른 형체 즉 그리스도의 영광스러운 몸으로 변형될 것이다.

우리의 아들의 자격에 대한 충만한 누림

이러한 영광스럽게 됨, 곧 우리 몸의 구속은 우리의 아들의 자격에 대한 충만한 누림이다(롬 8:23). 우리는 하나님의 아들들이지만, 우리 몸은 아직 '아들화'되지 않았다. 우리 몸은 구속될 때 아들화될 것이다. 변형되는 것 곧 구속받는 것이 아들화되는 것이다. 우리는 거듭나는 시점에서 하나님의 아들들로 태어났지만, 그때는 오직 우리의 영만 아들화되었다. 거듭남은 아들화의 첫 번째 단계이다. 유기적인 먹임, 거룩하게 됨, 새롭게 됨, 변화, 건축, 같은 형상을 이룸은 뒤따르는 단계들이다. 마지막 단계는 우리 몸의 아들화이다.

하나님은 그분의 신성한 생명으로 우리를 거듭나게 하셨다. 그것은 우리 사람의 생명에 그분의 신성한 생명을 더하셨다는 의미이다. 우리 사람의 생명은 하나님에 의해 창조되었지만 타락하게 되었다. 이것이 바로 우리에게 구속이 필요한 이유이다. 구속은 잃어버린 것을 법적으로 다시 찾는 것을 의미한다. 주님께서 십자가에서 죽으셨을 때, 우리와 함께 즉 우리의 타고난 사람과 함께 죽으셨다. 우리는 그분과 함께 십자가에 못 박혔고, 그분과 함께 장사되었으며, 또한 그분과 함께 부활했다(갈 2:20, 롬 6:4, 엡 2:6). 그러므로 우리는 창조되었고, 타락했으며, 법리적으로 구속되었고, 높이 올려졌으며, 부활했다. 우리 사람의 생명과 하나님의 생명은 함께 접붙여졌다(롬 11:17). 그렇지 않다면 어떻게 우리가 그분과 함께 살 수 있겠는가? 우리가 그분과 함께 사는 것은 우리 자신의 생명에 더하여 그분의 생명을 가지고 있기 때문이다. 거듭남은 사람의 생명에 더하여 하나님의 신성하고 영적인 생명을 갖는 것이다.

우리는 거듭난 후에 그리스도의 부활 생명의 요소로 기질적으로 거룩하게 된다. 거룩하게 됨을 통해 우리의 비뚤어지고, 구부러지고, 비틀린 타고난 본성은 그분의 거룩한 본성으로 조정되고 곧게 된다. 성령은 하나님의 거룩한 본성을 우리 존재 안으로 분배하심으로써 우리의 구부러진 기질을 곧게 하신다. 우리가 온전하고 곧은 신성한 본성에 참여하기 때문에 우리의 본성은 교정된다.

그런 다음 우리의 생각은 새롭게 되고 바뀐다. 빌립보서 2장은 우리가 그리스도의 생각을 가져야 한다고 말한다(5절). 하나님의 새롭게 하시는 일은 그분의 영께서 우리의 영과 연합하셔서 하나님의 모든 생각과 논리로 우리의 생각을 적시심으로써 즉 우리의 생각을 바꾸심으로써 이루어진다. 거듭남과 거룩하게 됨과 새롭게 됨에 근거하여, 주 영은 오늘날 우리 안에 그분의 신성한 생명을 더하여 우리 속에서 신성한 신진대사를 일으키심으로 우리 존재를 변화시키고 계신다. 이렇게 하여 우리의 전 존재가 변화된다.

결국 이 변화는 완성되어, 우리를 그리스도의 충만의 신장의 분량에 이른, 즉 삼일 하나님의 총체이신 하나님의 맏아들의 형상과 같은 형상이 된 충분히 성장한 사람이 되게 할 것이다. 하나님의 영광이 우리 안을 적심으로 말미암아 마침내 영광이 우리에게서 나올 것이다. 그럴 때 우리는 영광 안으로 들어가고 영광 가운데 있을 것이다. 우리가 이 영광에 도달할 때 "주 하나님, 당신의 어떠하심이 우리의 어떠함이고, 우리의 어떠함이 당신의 어떠하심이라니, 이 어떠한 긍휼과 은혜인지요."라고 말할 것이다. 이것이 하나님의 유기적인 구원의 여덟 부문의 궁극적인 완결이다.

하나님의 완전한 구원은 다만 우리를 법리적으로 구속하여 우리를 용서하고, 씻으며, 의롭다 하고, 그분과 화목하게 하고, 위치적으로 거룩하게 하는 것이 아니다. 이러한 방면들은 육체를 입으신 그리스도께서 이 땅에서 사역하실 때 수행하신 것이었다. 하나님의 법리적인 구속은 단지 그분께서 생명 주시는 영, 공기 같은 영이신 그리스도로서 유기적으로 우리를 구원하시기 위한 절차, 즉 우리가 그리스도의 하늘에서의 사역 안에서 하나님의 완전한 구원의 목적인 하나님의 유기적인 구원에 참여하도록 하시기 위한 절차였다.

일곱 배로 강화된 하나님의 유기적인 구원의 추가적인 부문을 열어 줌

이사야서 30장 26절에 따르면, 햇빛은 천년왕국에서 일곱 배로 강화될 것이다. 오늘날 우리는 일곱 배로 강화되신 영을 가지고 있다.

주(註) — 그리스도의 사역의 세 부문

그리스도의 땅에서의 사역

첫 번째 부문인 그리스도의 땅에서의 사역은, 그분께서 육체 안에 계신 그리스도로서, 육체 되심부터 죽으실 때까지 삼십삼 년 반의 인생 동안 물질적인 영역 안에서 법리적으로 성취하신 것이다.

그리스도의 하늘에서의 사역

두 번째 부문인 그리스도의 하늘에서의 사역은, 그분께서 생명 주시는 영이신 그리스도로서, 그분의 부활부터 천년왕국의 끝까지 교회 시대와 왕국 시대 동안 비밀스러운 영역 안에서 유기적으로 수행하시는 것이다. 육체 되심은 첫 번째 시작, 곧 육체 안에서의 그분의 인생의 시작이었다. 그러나 부활은 또 다른 시작 곧 그분께서 그 영이신 것의 시작인데, 이것은 그분의 하늘에서의 사역을 수행하시기 위한 것이다.

그리스도의 일곱 배로 강화된 하늘에서의 사역

세 번째 부문인 그리스도의 일곱 배로 강화된 하늘에서의 사역은, 일곱 배로 강화되신 그분께서 일곱 배로 강화되신 생명 주시는 영이신 그리스도로서, 교회 하락의 시기부터 새 하늘과 새 땅이 도래할 때까지 비밀스러운 영역 안에서 유기적으로 수행하시는 것이다. 교회의 하락은 1세기가 채 끝나기 전부터 시작되었다. 디모데후서에서 바울은 아시아에 있는 모든 사람이 그를 버리고 그의 사역을 떠났다고 말한다(1:15). 또한 후메내오와 빌레도와 같은 사람들은 부활이 이미 지나갔다고 말하면서 부활에 관한 진리를 뒤엎으려 하고 있었다(2:17-18). 바울은 데마가 현시대를 사랑하여 그를 버린 것을 언급한다(4:10). 그는 또한 구리 세공사 알렉산더가 그에게 악한 짓을 많이 한 것에 대해 말한다(4:14). 구리 세공사 알렉산더는 분명 바울을 잘 알고 있었을 것이다. 그러지 않았다면 그는 바울의 반대자가 될 수 없었을 것이다. 이 모든 기록들을 볼 때, 우리는 교회의 하락을 볼 수 있다. 디모데후서를 쓴 직후인 주후 67년경에 바울은 순교했다. 그 후 삼십 년이 채 안 되어 요한은 교회들의 하락을 보여주는 요한계시록을 썼다. 그는 또한 요한이서를 썼는데, 이 서신서는 교회에 이미 기어들어 온 이단에 참여하는 것에 대해 말해 준다.

요한계시록은 이렇게 시작된다. "요한은 아시아에 있는 일곱 교회에게 편지합니다. 지금도 계시고 전에도 계셨고 장차 오실 분께서, 또 그분의 보좌 앞에 계신 일곱 영께서, 또 신실한 증인이시자 죽은 사람들 가운데 가장 먼저 나신 분이시며 땅의 왕들의 통치자이신 예수 그리스도께서 여러분에게 은혜와 평안을 주시기를 바랍니다."(1:4-5) 이 절들에서 일곱 영은 신성한 삼일성의 두 번째로 열거되어 있다. 그런 다음 요한계시록은 일곱 배로 강화되신 영께서 수많은 일들을 행하시기 위해 그리스도의 하늘에서의 사역 안에서 어떻게 움직이시는지에 대한 완전한 기록을 보여 준다.

다음과 같은 것들을 하시기 위해

에베소에 있는 교회 안의 믿는 이들을 구원하심

일곱 배로 강화되신 영은 에베소에 있는 교회 안의 믿는 이들을 형식적인 교회생활에서 구원하시는 일을 하셨다. 그들은 주님에 대한 첫째가는 사랑과 등잔대의 빛을 비추는 역량과 생명이신 그리스도에 대한 누림을 이미 잃어버렸다. 그분께서 이렇게 일하신 것은 그들을 이기는 이들이 되게 하셔서, 하나님의 낙원, 곧 왕국 시대의 새 예루살렘에 있는 생명나무를 먹는 보상을 받게 하시려는 것이었다(계 2:1-7).

서머나에 있는 교회 안의 고난당하는 믿는 이들을 강화하심

일곱 배로 강화되신 생명 주시는 영이신 그리스도는 서머나에 있는 교회 안의 고난당하는 믿는 이들을 강화하시는 일을 하셔서 그들이 순교당함으로써 박해를 이기게 하시는데, 이것은 왕국 시대 동안 둘째 죽음을 맛보지 않는 보상을 받게 하시려는 것이었다(계 2:8-11). 이것은 이기지 못하는 믿는 이들이 둘째 죽음을 맛볼 것임을 보여 준다.

버가모에 있는 교회 안의 믿는 이들을 거룩하게 하심

버가모에 있는 교회는 세상과 결혼하였다. 그러므로 일곱 배로 강화되신 생명 주시는 영이신 그리스도는 그곳에 있는 믿는 이들을 세상과의 연합과 발람의 가르침과 니골라당의 가르침으로부터 거룩하게 하시는 일을 하셔서 그들을 이기는 이들이 되게 하시는데, 이것은 그들이 왕국 시대에 감추어진 만나를 먹고 새 이름이 적혀 있는 흰 돌을 받는 보상을 얻게 하시려는 것이었다(계 2:12-17).

두아디라에 있는 교회 안의 믿는 이들을 구출하심

일곱 배로 강화되신 생명 주시는 영은 두아디라에 있는 교회 안의 믿는 이들을 우상숭배와 음행과 귀신적인 가르침들과 사탄의 깊은 것들에서 구출하시는 일을 하셔서 그들을 이기는 이들이 되게 하시는데, 이것은 그들이 왕국 시대에 민족들을 다스리는 권위를 보상으로 받게 하시려는 것이다(계 2:18-29).

사데에 있는 교회 안의 믿는 이들을 소생시키심

그리스도의 일곱 배로 강화된 하늘에서의 사역은 사데에 있는 교회 안의 믿는 이들을 그들의 죽어 있고 죽어 가는 상태에서 소생시키셔서 이기는 이들이 되게 하는데, 이것은 그들이 왕국 시대에 흰옷을 입고 주님과 함께 다니며, 생명책에서 그들의 이름이 지워지지 않고, 주님께서 아버지와 아버지의 천사들 앞에서 그들을 시인하시는 보상을 받도록 하려는 것이다(계 3:1-6).

빌라델비아에 있는 교회 안의 믿는 이들을 격려하심

비록 빌라델비아가 가장 좋은 교회이지만, 그곳에 있는 믿는 이들은 그들이 가진 것을 굳게 붙잡아 아무도 그들의 면류관을 빼앗지 못하게 함으로써 이기는 이들이 되어야 하는데, 이것은 그들이 왕국 시대에 하나님의 성전에 기둥이 될 뿐 아니라, 하나님의 이름과 새 예루살렘의 이름과 주님의 새 이름이 그들 위에 기록되는 보상을 받도록 하려는 것이다(계 3:7-13). 그들 위에 있는 이름은 바로 그것이 그들의 어떠함이라는 것을 가리킨다. 이것은 그들이 곧 새 예루살렘이고, 그들 위에 하나님의 이름이 있기 때문에 그들이 곧 하나님이라는 것을 의미한다. 또한 그들은 곧 주 예수님인데, 그것은 그분의 새 이름이 그들 위에 쓰여 있기 때문이다.

물론 그들이 하나님과 주 예수님인 것은 신격에서가 아닌 생명과 본성에서 그러하다.

라오디게아에 있는 교회 안의 믿는 이들을 깨우심

라오디게아에 있는 교회 안의 믿는 이들은 그들의 미지근함과 그리스도가 없는 상태에서 깨어날 필요가 있다. 그러므로 주님은 그들에게 불에 제련한 금과 흰옷과 안약을 위해 대가를 지불하고 문을 두드리시는 주님께 그들의 문을 열도록 권면하심으로 그들을 이기는 이들이 되게 하시는데, 이것은 그들이 왕국 시대에 주님의 보좌에 앉는 보상을 받게 하시려는 것이다(계 3:14-22). 그들은 미지근할 뿐 아니라 그리스도가 없다. 왜냐하면 그리스도께서 문밖에서 교회의 문을 두드리고 계시기 때문이다.

다음과 같은 것들에 의해

일곱 배로 강화되신 공기 같은 영이신 그리스도의 말씀하심

우리는 무한하시고, 생명을 해방하시고, 일곱 배로 강화되신 공기 같은 영이신 그리스도(눈이 일곱 영이신 어린양 — 계 5:6)의 말씀하심에 의해 하락에서 구원받는다. 일곱 영은 어린양이신 그리스도의 눈이시다. 어떤 사람도 여러분에게서 여러분의 눈을 분리할 수 없다. 일곱 영께서 그리스도의 눈이시라는 것은 일곱 영께서 그리스도와 하나이시라는 것을 가리킨다. 일곱 배로 강화되신 공기 같은 영이신 그리스도께서 각 서신의 시작에서 일곱 교회 각각에게 하시는 말씀은 각 서신의 끝에서 일곱 배로 강화되시고 모든 것을 포함하신 생명 주시는 영께서 일곱 교회 모두에게 우주적으로 하시는 말씀이 된다(계 2:1, 7-8, 11-12, 17-18, 29, 3:1, 6-7, 13-14, 22). 각 서신의 시작에서는 그리스도께서 말씀하시며, 끝에서는 그 영께서 말씀하신다. 이것은 그리스도께서 그 영이심을 보여 준다.

영 안에 사는 이기는 성도들

하락을 이기는 것은 영 안에 사는 이기는 성도들이 참여함으로써 이루어진다(계 1:10, 4:2, 17:3, 21:10). 한 면으로, 우리는 그리스도의 말씀하심이 그 영의 말씀하심이 되는 것에 의해서 이긴다. 다른 면으로, 우리는 항상 우리의 영 안에 사는 것에 의해서 이긴다. 요한계시록 1장 10절에서 요한은 주님의 날에 자신이 영 안에 있었다고 말한다. 이것은 사도 요한이 영 안에 있는 사람, 즉 항상 영 안에 사는 사람이었음을 보여 준다.

다음과 같은 것들을 위해

그리스도를 위해 신부를 완전히 준비함

그리스도의 일곱 배로 강화된 하늘에서의 사역은 신랑이신 그리스도께서 그분의 선한 기쁨에 따라 그분의 만족을 위해 천년왕국에서 승리에 찬 결혼 잔치를 가지시도록 신부를 완전히 준비하기 위한 것이다(계 19:7-9).

신부 군대를 편성함

그리스도의 일곱 배로 강화된 하늘에서의 사역은 또한 그리스도께서 인류 가운데 있는 그분의 최고 원수들인 적그리스도와 그의 거짓 신언자를 패배시키시고 멸망시키시도록 신부 군대를 편성하기 위한 것이다(계 19:11-21, 17:14). 앞으로 올 적그리스도와 그의 거짓 신언자는 인간으로서 그리스도의 원수들일 것이며, 극도로 그리스도를 공격할 것이다. 그들은 그리스도와 그분의 군대와 맞서 싸울 것이다. 그러나 그리스도와 그분의 신부는 그들을 멸망시켜 불 못 안으로 던져 넣을 것이다.

사탄을 결박함

그리스도의 일곱 배로 강화된 하늘에서의 사역은 사탄을 결박하여 천 년 동안 무저갱에 던져 넣기 위한 것이다(계 20:1-3).

그리스도와 하나님의 왕국

그리스도의 일곱 배로 강화된 하늘에서의 사역은 또한 그리스도와 하나님의 왕국을 가져오기 위한 것이다. 그것은 곧 천년왕국일 것이다(계 20:4-6).

새 예루살렘의 완결

궁극적으로, 그리스도의 일곱 배로 강화된 하늘에서의 사역은 천년왕국에 있을 새 예루살렘의 초기 완결(계 2:7)과, 새 하늘과 새 땅에 있을 새 예루살렘의 완전한 완결을 위한 것이다(21:2). 달리 말해서, 새 예루살렘은 이기는 이들에 의해 먼저 초기 부분으로서 천 년 동안 작은 규모로 완결될 것이고, 그런 다음 영원 안에서 완전한 규모로 완결될 것이다. 천 년 동안의 훈련을 통해 모든 믿는 이들은 성숙되고 변화되고 같은 형상을 이루어, 영원 안에서 새 예루살렘에 참여하게 될 것이다.

마지막 결과

마지막 결과는 구속하시는 하나님과 그분의 구속받은 사람 사이의 우주적인 로맨스 안에서, 과정을 거치신 삼일 하나님의 완결이신 최종 완결되신 영께서 신랑이 되시고 이기는 성도들의 총체는 신부가 되는 것이다. 이것이 성경 전체의 결론이다(계 22:17). 성경 전체의 결론은 한 쌍의 부부이다. 이것이 바로 구속하시는 하나님과 그분의 구속받은 사람 사이의 우주적인 로맨스의 완결이다. 신랑은 완결되신 영이신 하나님이고, 신부는 모든 이기는 이들의 총체이다. 이 모든 것이 하나님의 일곱 배로 강화된 유기적인 구원의 추가적인 부문에 의해 성취된다.

6

각 지방에 있는 하나님의 교회들의 유일한 터와 그리스도의 우주적인 몸의 유일한 하나

The Unique Ground
of the Local Churches of God
and the Unique Oneness
of the Universal Body of Christ

제6장

각 지방에 있는 하나님의 교회들의 유일한 터와 그리스도의 우주적인 몸의 유일한 하나

성경: 고전 1:1-2, 9, 10-13, 3:3-4, 엡 4:3-6

개요

Ⅰ. 각 지방에 있는 하나님의 교회들의 유일한 터 — 고전 1:1-2, 9, 10-13, 3:3-4.

A. 하나님의 교회—본질적인 면에서의 교회의 내용 — 고전 1:2상.

B. 고린도에 있는 교회—교회의 존립과 표현과 실행을 위한 지방(고전 1:2상). 이러한 지방은 각 지방에 있는 교회들이 각각 그 위에 건축되는 지방적인 터가 된다(행 8:1, 13:1, 계 1:11).

C. 그리스도 예수님 안에서 거룩하여진 부름받은 성도들—교회의 골격인 구성원들 — 고전 1:2상.

D. 각처에서 우리 주 예수 그리스도의 이름을 부르는 모든 이들에게도 함께—고린도의 성도들 외에 각처의 모든 성도들도 이 서신의 수신인들이었다 — 고전 1:2하.

E. 그리스도는 '그들과 우리의 것'이 되신다. 즉 그리스도는 고린도 지방의 성도들의 몫이시자, 어떤 곳에 있든 그리스도의 교통(누림)에 참여하는 모든 성도들의 몫이시다. 모든 믿는 이들

은 신실하신 하나님에 의해 이 교통(누림) 안으로 부름받았다 — 고전 1:2하, 9.

F. 성도들 가운데 있는 분열은 머리이신 그리스도의 대표 권위인 사도에 의해 유죄판결 받았다 — 고전 1:10-13.

G. 그리스도는 나누어지지 않으셨다. 즉 그분은 유일하신 분이시며 나누어지실 수도 없고 나누어지지도 않으셨다 — 고전 1:13.

H. 분열은 육체에 속하고 사람의 방식에 따른 것이다 — 고전 3:3-4.

I. 오늘날 기독교의 분열적이고 혼란스러운 하락하에서의 우리의 실행.

1. 우리는 천주교의 이단, 개신교의 교파, 그리스도인들의 어떤 종류의 자유 단체에도 참여하지 않고 있고, 또 참여해서도 안 된다.

2. 그러나 우리는 그리스도 안의 개별적인 믿는 이들, 곧 주 예수 그리스도를 믿고 그분의 피로 구속받고 성령으로 거듭났으며, 분열을 일으켜(딛 3:10) 분파를 만들지 않고(롬 16:17), 우상을 숭배하거나 죄 가운데 살지 않는(고전 5:11) 사람들을 인정하고 받아들인다. 비록 그들이 위에 나열된 분열 중 어느 하나에 여전히 연관되어 있을지라도 그렇게 한다.

3. 우리는 전 세계에 걸쳐 있는 주님의 회복 안의 모든 믿는 이들과 하나이다.

4. 우리에게는 어떤 신경(信經)도 없으며, 합당하게 번역되고 성경 자체에 의해 성경 자체에 따라 해석된 유일한 성경만 있다.

Ⅱ. 그리스도의 우주적인 몸의 유일한 하나 — 엡 4:3-6.

A. 그리스도의 우주적인 몸의 유일한 하나는 그 영의 하나이고, 믿는 이들은 이 하나를 깨뜨리지 말고 화평의 매는 띠로 그것을 힘써 지켜야 한다 — 엡 4:3.

B. 온 우주 안에는 오직 그리스도의 유일한 한 몸이 있는데, 이 몸은 삼일 하나님을 그 내용으로 갖고 있다 — 엡 4:4-6.

1. 한 성령은 몸의 내용의 본질이시다.
2. 한 주님은 몸의 내용의 요소이시다.
3. 아버지 하나님은 몸의 내용의 근원으로서, 삼일(三一)의 방식으로 모든 사람 위에 계시고 모든 사람을 통과하여 계시고 모든 사람 안에 계시는 분이시다.

C. 그리스도의 우주적인 몸의 섞임.

1. 하나님께서 몸을 고르게 섞으셨다(고전 12:24).
   a. 그리스도의 몸의 모든 개별적인 지체들의 섞임.
   b. 일정 권역 안에 있는 모든 교회들의 섞임.
   c. 모든 동역자들의 섞임.
   d. 모든 장로들의 섞임.
2. 이러한 섞임은 사교적인 것이 아니라, 개별적인 지체들과 일정 권역에 있는 교회들과 동역자들과 장로들이 누리고 체험하고 참여한 바로 그 그리스도의 섞임이다.
3. 섞임은 그리스도의 우주적인 몸을 건축하여(엡 1:23) 새 예루살렘을 완결하기 위한 것(계 21:2)이다. 새 예루살렘은 하나님의 선한 기쁨에 따른 하나님의 경륜(엡 3:8-10, 1:9-10)의 최종 목표이다.

기도: 주님, 우리는 당신께서 이전의 모든 고통을 통해 우리에게 가져다주신 것으로 인해 얼마나 당신께 감사드리는지요. 우리는 당신께서 영광스러운 결론을 우리에게 주실 것을 믿습니다. 당신은 알파이시고 오메가이십니다. 우리는 당신을 신뢰합니다. 주님, 항상 우리가 당신의 긍휼, 당신의 축복, 당신의 공급, 말씀과 그 영, 당신의 임재에 의존하는 것으로 인해 감사드립니다. 주님, 이러한 것들이 없다면 우리는 단지 죽은 개와 같습니다. 우리는 아무것도 할 수 없고, 아무것도 가질 수 없으며, 아무것도 될 수 없습니다. 주님, 이것이 우리의 어떠함입니다. 그러나 우리는 당신을 신뢰합니다. 당신은 우리를 신격에서가 아닌 생명과 본성에서 당신과 똑같게 만드시기 위해 우리에게 모든 것이 되십니다. 우리는 이것으로 인해 당신께 감사드리고 경배드립니다. 주님께서 최근에 우리에게 열어 주신 중점은, 거듭남과 거룩하게 됨과 새롭게 됨과 변화와 같은 형상을 이룸과 영광스럽게 됨을 통해 당신과 똑같이 다시 만들어지는 한 무리의 사람들을 당신께서 얻기 원하신다는 것입니다. 우리는 당신 자신으로 인해 당신께 감사드립니다. 아멘.

교회의 터와 그리스도의 몸의 하나는 우리에게 오래된 주제들이다. 내가 이러한 것들에 대해 말한 지 육십오 년이 넘었지만 이 주제들은 매우 중요하다. 지난 십오 개월 동안 주님은 지구상의 삼백여 곳에 새로운 교회들을 일으키셨다. 이러한 새로운 교회들은 반드시 지방이라는 터와 우주적인 하나에 대해 분명해야 한다. 터는 하나님의 교회들과 관련된 것이고, 하나는 그리스도의 몸과 관련된 것이다. 터와 하나는 유일한데, 이것은 교회를 위한 터와 몸을 위한 하나가 정확히 같음을 의미한다.

각 지방에 있는 하나님의 교회들의 유일한 터

먼저 우리는 각 지방에 있는 하나님의 교회들의 유일한 터를 보고자 한다(고전 1:1-2, 9, 10-13, 3:3-4).

하나님의 교회

고린도전서 1장 2절은 하나님의 교회를 말한다. 교회는 하나님께 속한 것이어야 한다. 교회는 다른 어떤 것에도 속하지 말아야 한다. 이것은 본질적인 면에서 교회의 내용을 말한다. 모든 실질적인 것에는 그 근원이 있고, 그다음에 그 요소가 있다. 내재적으로 볼 때 요소 안에는 본질이 있다. 본질적으로 교회의 내용은 하나님 자신이다.

고린도에 있는 교회

고린도전서 1장 2절은 또한 고린도에 있는 교회에 대해 말한다. 이것은 교회의 존립과 표현과 실행을 위한 고린도라는 지방을 보여 준다. 이러한 지방이 각 지방에 있는 교회들이 각각 그 위에 건축되는 지방적인 터가 된다(행 8:1, 13:1, 계 1:11). 교회의 존립과 표현과 실행을 위해 교회는 참으로 하나의 장소가 필요한데, 신약에 따르면 그 장소가 바로 지방이다. 고린도에 있는 교회는 고린도에 건축되었다. 아테네에 있는 교회는 아테네시(市)라는 터 위에 건축된다. 뉴욕에 있는 교회는 뉴욕시라는 터 위에 건축된다. 그러므로 지방은 자연적으로 교회의 터가 된다.

워치만 니 형제님은 하나님께서 지방이라는 터 위에 교회를 건축하시는 방식은 매우 지혜로운 것이라고 지적했다. 세상에는 하나님께 선택된 수많은 사람들이 있다. 지구상 어느 곳이나 그리스도 안의 믿는 이들이 있다. 그들은 흩어져서는 안 되고, 한 교회가 되기 위해 함께 모여야 한다. 만일 터라는 합당한 제한이 없다면 교회들을 세우는 데에도 제한이 없을 것이다. 오늘날 남캘리포니아에는 '대만 복음 교회'라고 불리는 한 교회가 있다. 여기의 믿는 이들은 대만을 그들의 터로 사용했다. 나는 중국의 옌타이라는 도시에서 자랐다. 그리고 옌타이에는 '영국 성공회'가 있었다. 사람들은 너무나도 쉽게 교회들을 세운다. 오늘날 식당을 여는 것보다 교회를 세우는 것이 더 쉽다. 남침례교, 장로교, 루터교를 포함하여 모든 교파들은 분열적인 터들을 가지고 있다.

우리 믿는 이들이 성경에서 하나님께서 세우신 본을 지켜 한 도시에 한 교회를 세운다면, 우리는 하나를 지킬 수 있을 것이다. 어떤 믿는 이가 한 도시에 간다면 그는 반드시 그 도시에 있는 교회 안에 있어야 한다. 만일 내가 도쿄에 간다면 도쿄에 있는 교회와 함께해야 한다. 런던에 간다면 런던에 있는 교회에게 가야 한다. 댈러스에 간다면 댈러스에 있는 교회와 함께 모여야 한다. 그러면 자연스럽게 어떤 분열도 없을 것이다. 성경은 믿는 이들이 어떻게 모여야 하는지에 대한 본을 세웠다. 첫 번째 그리스도인들의 모임은 예루살렘에 있었고, 사도행전 8장 1절은 그 모임을 예루살렘에 있는 교회라고 부른다. 예루살렘은 큰 도시였지만, 그 도시에는 오직 한 교회만 있었다. 비록 한 도시에 한 교회가 있지만, 교회가 한 장소에서만 모여야 하는 것은 아니다. 그러나 우리가 있는 그 도시가 교회의 유일한 지방적인 터가 되어야 한다는 것을 명심해야 한다.

부름받은 성도들

그리스도 예수님 안에서 거룩하여진 부름받은 성도들은 교회의 골격인 구성원들이다(고전 1:2상). 삼일 하나님은 교회의 내용이신데, 교회는 그 영을 본질로, 주님을 요소로, 아버지를 근원으로 갖는다. 교회의 골격은 진정한 믿는 이들, 참된 성도들, 그리스도 예수님 안에서 거룩하여진 이들이다. 교회는 반드시 하나님께 속해야 하고, 지방이라는 터 위에 있어야 하며, 구성원들인 성도들이 있어야 한다.

주님의 이름을 부르는 모든 이들에게도 함께

고린도전서는 고린도의 성도들에게 쓰인 것일 뿐 아니라, 각처에서 우리 주 예수 그리스도의 이름을 부르는 모든 이들에게도 쓰인 것이다. 즉 고린도의 성도들 외에 각처의 모든 성도들도 이 서신의 수신인들이었다(고전 1:2하). 심지어 오늘날 우리도 이 책의 수신인들이다. 이 서신은 고린도에 있는 성도들로 구성된 고린도에 있는 교회에게 쓰였지만, 역대에 걸쳐 수천의 장소에 있는 사람들에게 읽혀 왔고 읽힐 것이다.

그리스도께서 '그들과 우리의 것'이 되심

그리스도께서 '그들과 우리의 것'이 되신다는 것은 그리스도께서 고린도 지방의 성도들의 몫이시자, 어떤 곳에 있든 그리스도의 교통(누림)에 참여하는 모든 성도들의 몫이심을 의미한다. 모든 믿는 이들은 신실하신 하나님에 의해 이 교통(누림) 안으로 부름받았다(고전 1:2하, 9). 동일하신 그리스도께서 단지 한 지방에 있는 교회뿐 아니라 지구상의 모든 교회들을 위한 몫이시다. 그분은 하나님께서 우리에게 할당해 주신 공동의 몫이시다. 각 지방에 있는 교회는 모두 그리스도의 한 몫을 가지고 있다. 또한 우리는 신실하신 하나님에 의해 그리스도의 교통 안으로 부름받았다. 그리스도는 부름받은 성도들인 우리의 몫이시고, 우리는 중심이신 그리스도에 대한 누림 곧 교통 안으로 부름받았다.

성도들 가운데 있는 분열은
사도에 의해 유죄판결 받았음

성도들 가운데 있는 분열은 머리이신 그리스도의 대표 권위인 사도에 의해 유죄판결 받았다(고전 1:10-13). 바울은 고린도에 있는 교회 가운데에 분열이 있다는 것을 들었기 때문에 그들에게 편지를 썼다. 어떤 이들은 자신들이 바울에게 속했다고 말하고, 또 어떤 이들은 아볼로에게, 또 어떤 이들은 게바에게 속했다고 말했으며, 심지어 또 어떤 이들은 자신들이 그리스도께 속했다고 말했다. 그들은 네 무리로 나뉘었다. 그러나 바울은 그들에게 "그리스도께서 나누어지셨습니까?"라고 물었다. 마치 바울은 이렇게 묻고 있는 것 같았다. "여러분은 얼마나 많은 그리스도를 가지고 있습니까? 여러분은 게바를 위한 그리스도, 아볼로를 위한 그리스도, 바울을 위한 그리스도, 심지어 그리스도를 위한 그리스도를 가지고 있습니까? 게바나 아볼로나 바울이나 그리스도에 관계없이 여러분이 가지고 있는 것은 오직 한 분 그리스도입니다. 여러분 모두가 참여한 그 교통은 유일하신 한 분 그리스도의 교통입니다. 그리스도는 나누어지지 않으셨습니다." 성도들 가운데 있는 분열은 그리스도의 대표 권위인 사도에 의해 유죄판결 받았다.

그리스도는 나누어지지 않으셨음

그리스도는 유일하신 분이시며 나누어지실 수도 없고 나누어지지도 않으셨다(고전 1:13). 그리스도는 나누어지지 않으셨는데, 오늘날의 그리스도인들 가운데 이토록 많은 분열이 있는 것은 얼마나 부끄러운 일인가!

분열은 육체에 속한 것임

바울은 분열이 육체에 속하고 사람의 방식에 따른 것이라고 말한다(고전 3:3-4). 대만 사람들은 대만의 정취를 좋아하기 때문에 '대만 복음 교회'를 갖고 싶어 한다. 몇몇 중국 형제들은 영어로 하는 집회에 참석하기를 좋아하지 않는다. 왜냐하면 그들이 중국 정취를 그리워하기 때문이다. 심지어 미국 내에서도 텍사스인과 뉴욕인, 흑인들과 백인들이 있는데, 이들의 문화적인 자긍심과 천연적인 선호들은 분열적인 것이다. 우리는 우리 자신의 취향을 갖지 말아야 한다. 어떤 인종적, 국가적, 문화적 취향이든 그것 때문에 나뉘는 것은 육체에 속한 것이며, 사람의 방식을 따른 것이지 성도들의 방식을 따른 것이 아니다.

교회를 위한 영적이고 신성한 것들에 관해 우리는 네 가지 중요한 요점을 명심해야 한다. 첫째, 우리는 반드시 십자가를 통과해야 한다. 우리의 타고난 취향은 그리스도에 의해 십자가로 제해져야 한다. 미국인과 중국인 모두가 십자가로 제해져야 한다. 교회 안에는 타고난 사람을 위한 여지가 없고, 그리스도께서 모든 것이시고 모든 것 안에 계신다(골 3:11). 십자가에서 유대인과 이방인은 모두 십자가로 제해졌다. 둘째, 모든 것이 그 영에 의한 것이어야 한다. 셋째, 이것은 다른 이들에게 그리스도를 분배하기 위한 것이다. 넷째, 모든 것은 교회의 건축을 위한 것이다. 바꾸어 말하면, 우리가 하는 것이 무엇이든지 십자가를 통하여 그 영에 의해 해야 하며, 다른 이들에게 그리스도를 분배함으로써 그리스도의 몸인 교회를 건축하는 것이어야 한다.

그러나 오늘날 사람들은 십자가를 지거나 그 영에 의해 살려고 하지 않는다. 그 대신 그들의 육체를 따라 살려고 한다. 그들은 그리스도를 분배하는 것을 주의하지 않는다. 대신에 그들은 그들 나름의 사회생활을 주의한다. 집회 후에 우리는 자신의 타고난 배경과 잘 어울리는 사람들과 모이기를 좋아한다. 중국인은 중국인에게 가고, 미국인은 미국인에게 간다. 이것은 우리가 십자가로 제해질 필요가 있다는 것을 보여 준다. 일본 정취, 중국 정취, 대만 정취, 미국 정취는 모두 십자가로 제해져야 한다. 우리는 느낌이 아니라 그 영을 따라 일들을 해야 한다. 우리는 단지 자신만을 위해서가 아니라 다른 이들에게 그리스도를 분배하기 위해 그리스도를 누려야 한다. 문화를 가진 우리 타고난 사람의 취향은 사람들의 취향, 곧 육체의 취향이다. 그러한 것은 그 영에 의해 십자가로 제해져야 하는데, 그 목적은 교회를 위해 그리스도를 분배하기 위한 것이다.

오늘날 우리의 실행

우리는 오늘날 기독교의 분열적이고 혼란스러운 하락 아래에서 무엇이 우리의 실행인지를 알아야 한다. 우리는 천주교의 이단, 개신교의 교파, 그리스도인들의 어떤 종류의 자유 단체에도 참여하지 않고 있고, 또 참여해서도 안 된다. 이러한 것들 중 어느 하나에 참여하는 것은 분열에 참여하는 것이다. 그러나 우리는 그리스도 안의 개별적인 믿는 이들, 곧 주 예수 그리스도를 믿고 그분의 피로 구속받고 성령으로 거듭났으며, 분열을 일으켜(딛 3:10) 분파를 만들지 않고(롬 16:17), 우상을 숭배하거나 죄 가운데 살지 않는(고전 5:11) 사람들을 인정하고 받아들인다. 비록 그들이 위에 나열된 분열 중 어느 하나에 여전히 연관되어 있을지라도 그렇게 한다. 로마서 16장 17절은 분열을 초래하거나 일으키는 사람들을 주의하여 살펴보아야 한다고 말한다. 우리가 용납할 수 없는 네 가지 부류의 사람들이 있는데, 바로 분열적인 사람들, 당을 짓는 사람들, 우상을 숭배하는 사람들, 여전히 죄 가운데 사는 사람들이다. 우리는 이러한 범주 안에 있지 않은 사람은 누구든지 받아들인다. 왜냐하면 우리는 분열적이지 않기 때문이다. 그러나 우리가 그들의 집회에 갈 수는 없는데, 그것은 그들의 집회가 분열적이기 때문이다.

우리는 전 세계에 걸쳐 있는 주님의 회복 안의 모든 믿는 이들과 하나이다. 또한 우리에게는 어떤 신경(信經)도 없다. 우리는 합당하게 번역되고 성경 자체에 의해 성경 자체에 따라 해석된 유일한 성경만을 가지고 있다. 하나님의 말씀은 하나님께서 숨을 내쉬신 것이다. 우리는 오직 성경에 따라 성경을 해석해야 한다. 예를 들면, 공자의 제자들은 새로워지는 것에 대한 그들 나름의 관념을 가지고 있지만, 그것은 성경의 가르침과 다르다. 성경에 있는 '새롭게 됨'은 우리 속에 있는 새사람이 새로워질 수 있도록 우리의 옛사람이 십자가로 제해지고 소모되는 것이다.

그리스도인의 생활에서 모든 미덕들은 십자가를 통하여, 그 영에 의해, 교회를 위해 그리스도를 분배하는 것이어야 한다. 많은 이들이 사랑에 대해 말하지만 사랑에 관한 성경의 가르침은 특별하다. 사랑은 반드시 십자가를 통하여, 그 영에 의해, 교회를 위해 그리스도를 분배하는 것이어야 한다. 우리는 누군가를 사랑할 때 우리의 자아가 십자가로 제해졌는지, 우리의 사랑이 그 영에 의한 것인지를 점검해야 한다. 또한 우리는 자신의 유익을 위해 다른 이들을 사랑하지 않고, 그리스도를 분배하고 몸을 건축하기 위해 다른 이들을 사랑한다. 이것이 성경이 가르치는, 사랑이라는 인간적인 미덕이다. 이것은 세상적인 사랑과는 전적으로 다르다. 이것이 곧 성경에 따라 성경을 해석하는 예이다.

그리스도의 우주적인 몸의 유일한 하나

에베소서 4장 3절부터 6절까지는 그리스도의 우주적인 몸의 유일한 하나를 보여 준다.

그 영의 하나

그리스도의 우주적인 몸의 유일한 하나는 그 영의 하나이다. 에베소서 4장 3절은 그 영의 하나를 힘써 지켜야 한다고 말한다. 이것은 우리에게 하신 강한 말씀이다. 육체에 속한 사람들인 우리는 그 영의 하나를 지켜야 한다. 이것을 위해 우리는 반드시 십자가에 의해 처리되어야 한다. 우리의 육체, 우리의 본성, 우리의 자아, 우리의 '나'는 그리스도의 십자가에 의해 제해져야 한다. 그런 다음 우리는 그 영을 따라야 한다. 그럴 때 그리스도를 분배하고 그리스도의 몸을 건축하기 위해 그 영의 하나를 가질 수 있다. 우리는 이 하나를 깨뜨리지 말고 화평의 매는 띠로 그것을 힘써 지켜야 한다.

그리스도의 유일한 한 몸

온 우주 안에는 오직 그리스도의 유일한 한 몸이 있다. 미국에 그리스도의 몸이 있고, 일본에 또 다른 그리스도의 몸이 있는 것이 아니다. 모든 곳에서 그리스도의 몸은 유일하게 하나이며 삼일 하나님을 그 내용으로 갖고 있다(엡 4:4–6). 한 성령은 몸의 내용의 본질이시다. 한 주님은 몸의 내용의 요소이시다. 또한 아버지 하나님은 삼일(三一)의 방식으로 모든 사람 위에 계시고 모든 사람을 통과하여 계시고 모든 사람 안에 계시는 분이시며, 몸의 내용의 근원이시다. 본질은 요소에 속하고, 요소는 근원으로부터 나온다. 심지어 아버지 하나님 자신조차도 어떤 의미에서 삼일이신데, 왜냐하면 그분께서 세 방면으로, 즉 우리 위에 계시고 우리를 통과하여 계시고 우리 안에 계시기 때문이다. 그리스도의 몸 안에서 삼일 하나님은 내용이시다. 즉 아버지는 근원이시고, 아들은 요소이시며, 그 영은 본질이시다.

그리스도의 우주적인 몸의 섞임

하나님께서 몸을 고르게 섞으셨음

하나님께서 몸을 고르게 섞으셨다(고전 12:24). '고르게 섞다'라는 말은 '조정하다', '조화되게 하다', '조절하다', '연합시키다'를 의미한다. 하나님은 몸을 고르게 섞으시고 조정하시며 조화되게 하시고 조절하시며 연합시키셨다. '고르게 섞다'라는 헬라어 단어는 구별을 잃어버린다는 의미를 함축하고 있다. 한 형제의 특징은 빠른 것이고 다른 형제의 특징은 느린 것일 수 있다. 그러나 몸의 생활 안에서는 느린 것도 사라지고 빠른 것도 제거된다. 그러한 모든 구별은 없어진다. 하나님은 인종과 피부색이 다른 모든 믿는 이들을 고르게 섞으셨다. 누가 흑인과 백인들이 자신들의 특징을 잃어버리게 할 수 있는가? 오직 하나님만이 이것을 하실 수 있다. 남편과 아내는 그들의 특징을 잃어버릴 때에만 그들의 결혼 생활에서 조화를 가질 수 있다.

몸의 생활 안에서 조화를 이루고 고르게 섞이며 조절되고 연합되며 조정되려면, 우리는 반드시 십자가를 통과하고 그 영에 의해 존재하면서 그리스도의 몸을 위해 다른 이들에게 그리스도를 분배해야 한다. 동역자들과 장로들은 반드시 십자가로 제해지기를 배워야 한다. 우리가 무엇을 하든 그것은 그 영에 의해 그리스도를 분배하는 것이어야 한다. 또한 우리가 하는 것은 자신의 이익을 위하고 자신의 입맛에 따른 것이 아닌 교회를 위한 것이어야 한다. 이 중점들을 실행하는 한 우리에게는 고르게 섞이는 것이 있을 것이다.

이 모든 중점들은 우리가 교통해야 함을 의미한다. 동역자는 어떤 일을 할 때 다른 동역자들과 교통해야 한다. 장로는 다른 장로들과 교통해야 한다. 교통은 우리를 조절하고 조정하며 조화되게 하고 연합시킨다. 우리는 자신이 빠른지 느린지에 대해서는 잊어버리고, 다만 다른 이들과 교통해야 한다. 우리와 동역하는 다른 성도들과 교통 없이 어떤 것도 하지 말아야 한다. 교통은 우리가 어떤 일을 하려고 할 때 우리에게 멈출 것을 요구한다. 교회생활과 주님의 일 안에서 동역할 때, 우리 모두는 교통 없이는 어떤 것도 하지 않는 것을 배워야 한다.

우리 가운데에는 그리스도의 몸의 모든 개별적인 지체들의 섞임과 일정 권역 안에 있는 모든 교회들의 섞임과 모든 동역자들의 섞임과 모든 장로들의 섞임이 있어야 한다. 고르게 섞인다는 것은 우리가 항상 다른 사람들과 교통하기 위해 멈추어야 함을 의미한다. 그럴 때 우리는 많은 유익을 얻을 것이다. 만일 자신을 고립시키고 분리한다면 많은 영적인 유익을 잃을 것이다. 교통하기를 배우라. 고르게 섞이기를 배우라. 지금부터 교회는 고르게 섞이기 위해 자주 함께 모여야 한다. 우리는 그것에 익숙하지 않을 수도 있다. 그러나 몇 차례 섞이기를 실행하고 나면 그것에 대한 입맛이 생길 것이다. 이것은 그리스도의 우주적인 몸의 하나를 지키는 데 가장 큰 도움이 되는 것이다. 오늘날 우리는 현시대의 현대적인 이기(利器)로 말미암아 서로 섞이는 것이 매우 용이하다.

함께 섞일 때 우리는 십자가와 그 영을 갖는다. 십자가와 그 영이 없다면 우리가 가진 모든 것은 분열이 있는 육체이다. 우리 자신 안에서는 십자가에 못 박히고 그 영에 의해 모든 것을 하기가 쉽지 않다. 바로 이것 때문에 우리가 반드시 섞이기를 배워야 하는 것이다. 섞임은 우리에게 십자가로 제해질 것을 요구한다. 섞임은 우리에게 그 영에 의해 존재함으로 그리스도의 몸을 위해 그리스도를 분배하고 모든 것을 하도록 요구한다.

우리가 함께 모여도 섞이는 것이 그리 많지 않을 수 있는데, 그것은 각 사람이 자신 안에 머물러 있기 때문이다. 우리는 다른 사람의 마음을 상하게 하고 실수하는 것을 두려워한다. 그래서 침묵을 지킨다. 이것은 육체를 따르는 사람의 방식이다. 우리는 함께 모일 때 십자가의 끝냄을 체험해야 한다. 그런 다음 어떻게 그 영을 따르는지, 어떻게 그리스도를 분배하는지, 어떻게 몸의 유익을 위해 말하고 어떤 것을 해야 하는지를 배워야 한다. 그러면 집회 전체의 분위기가 바뀌고 조절될 것이다. 섞임은 침묵하거나 수다를 떠는 문제가 아니라 조절되는 문제이다. 우리는 조절되었기 때문에 조화를 이룰 수 있다. 결국 모든 특징들이 다 사라질 것이다. 섞임은 특징들을 잃어버리는 것을 의미한다. 우리 모두는 섞임을 실행하기 위해 얼마간의 대가를 지불해야 한다.

한 무리의 장로들은 종종 고르게 섞이는 것이 없이도 함께 모일 수 있다. 고르게 섞인다는 것은 다른 사람들이 여러분을 만지고 여러분이 다른 사람들을 만지는 것을 의미한다. 그러나 여러분은 섞임의 방식으로 다른 사람들을 만져야 한다. 십자가를 통과하고, 그 영을 따라 일들을 하며, 그리스도의 몸의 유익을 위해 그리스도를 분배하도록 모든 것을 하라. 우리는 섞임 집회에 와서 잠잠해서는 안 된다. 우리는 주님을 위해 어떤 것을 말하도록 자신을 준비해야 한다. 주님께서 우리를 사용하실지 모르지만, 우리는 조절되고 십자가로 제해져야 하며 그리스도의 몸의 유익을 위해 어떻게 그 영을 따라서 그리스도를 분배해야 하는지를 배워야 한다.

내가 겨우 이십칠 세 정도였을 때 나의 고향에서 교회가 일으켜졌다. 나는 모든 것을 십자가를 통하여 그 영에 의해 함으로써 그리스도의 몸을 위해 그리스도를 공급하는 것을 배웠다. 나는 어렸기 때문에 솔로몬처럼 "주님, 저에게 지혜와 지식을 주시어 제가 이 백성 앞에서 나가고 들어오게 하여 주십시오."(대하 1:10)라고 기도했다. 그리고 주님은 나에게 응답하셨다. 여러 해를 거쳐 나는 성도들 가운데서 고르게 섞이는 것을 배웠다.

섞임은 사교적인 것이 아님

이러한 섞임은 사교적인 것이 아니라, 개별적인 지체들과 일정 권역에 있는 교회들과 동역자들과 장로들이 누리고 체험하고 참여한 바로 그 그리스도의 섞임이다.

그리스도의 몸을 건축하여 새 예루살렘을 완결하기 위해

섞임은 그리스도의 우주적인 몸을 건축하여(엡 1:23) 새 예루살렘을 완결하기 위한 것(계 21:2)이다. 새 예루살렘은 하나님의 선한 기쁨에 따른 하나님의 경륜(엡 3:8-10, 1:9-10)의 최종 목표이다.

신성하고 비밀한 영역

초판 인쇄일/ 1997년 11월 20일
개정판 인쇄일/ 2024년 8월 21일
개정판 발행일/ 2024년 8월 30일
저자/ 위트니스 리
역자/ 한국복음서원 편집부
발행인/ 이희득
발행처/ 한국복음서원
등록/ ®1978.3.6. 제16-12호

주소/ 경기도 성남시 중원구 사기막골로 124,
SKn테크노파크 비즈센터 B210호 (13207)
전화/ 1600-3191
팩스/ 031) 709-3389

ISBN/ 979-11-6857-223-2 03230

http://www.kgbr.co.kr
E-mail:kgbr@kgbr.co.kr

정가 7,500원